이기는
리더십 기술
67가지

"나는 사람들이 가고 싶고, 최선을 다하고 싶어지는 직장을 만드는 데 큰
관심이 있다. 『이기는 리더십 기술 67가지』가 마음에 드는 점은 최고 중의
최고인 사람들이 어떻게 이를 이루어내는가를 보여줄 뿐만 아니라, 우리
스스로가 이런 조직을 어떻게 만들 수 있는지도 알려준다는 것이다."
– 해리 폴, 『펄떡이는 물고기처럼』의 저자

"이 책은 특히 이 격동의 시기에 조직의 탁월함을 높이는 데 매우 중요한
전략을 제공한다. 직원들에게 활기를 불어넣어 그들이 회사와 고객을 위해
최선을 다하도록 하고 싶다면 이 책은 반드시 읽어봐야 할 책이다."
– 존 피터스, The Institute for Management Studies 소장

"사업에 성공하려면 직원을 소중히 대해라. 그러면 직원들도 고객을 소중히 대할 것이다. 피터 스타크와 제인 플레어티가 말하는 비결! 이 책을 읽고 직원의 참여의식을 높여라!"
– 켄 블랜차드, 『1분경영』의 공동 저자

"피터 스타크와 제인 플레어티는 전문적인 식견으로 경영인들에게 프로페셔널한 탁월함에 대한 분명하고 설득력 있는 비전을 제시한다. 『이기는 리더십 기술 67가지』는 고객에게 최고의 서비스를 제공하기 위해 최선을 다하는 팀을 만들고 유지하는 비법을 알고 싶은 사람이라면 누구나 반드시 읽어야 하는 책이다."
– 앤서니 라빈스, 『네 안에 잠든 거인을 깨워라』의 저자

이기는 리더십 기술 **67**가지

초판 1쇄 발행 2011년 7월 1일

지은이 피터 B. 스타크 · 제인 플레어티
펴낸이 김건수

펴낸곳 김앤김북스
출판 등록 2001년 2월 9일 (제12-302호)
주소 서울시 중구 수하동 40-2 우석빌딩 903호
전화 773-5133 **팩스** 773-5134
이메일 knk@knkbooks.com

ISBN 978-89-89566-54-0 03320

인재들이 모여드는 조직의 리더십 비밀

이기는 리더십 기술 67가지

피터 B. 스타크 · 제인 플레어티 지음 | 정재창 옮김

THE ONLY LEADERSHIP BOOK YOU'LL EVER NEED

김앤김
북스

먼저 고객 여러분께 이 책을 바칩니다. 여기서 말하는 고객 여러분은 우리와 함께 직원 인식조사를 실시해 온 여러 리더들입니다. 또 인식조사 결과를 이용하여 직원들이 일하러 오고 싶은 곳, 고객들이 함께하고 싶은 곳을 만들고 있는 분들을 말합니다. 여러분의 열성적인 직원들은 출근을 즐거워하며, 알아서 노력하고, 여러분과 여러분의 조직이 성공할 수 있게 최선을 다할 것입니다. 여러분은 직원과 고객에 진정한 차이를 만들어냈습니다. 감사합니다!

두 번째로 부서와 조직의 개선을 위해 끊임없이 노력하기는커녕 직원들의 의견에 귀를 기울이거나 그 의견에 따라 행동할 필요를 느끼지 못하는 모든 상사에게도 이 책을 바칩니다. 직원 인식조사의 가치에 대해 설명하려고 하자 다음과 같은 반응을 보인 한 고위급 관리자가 있었습니다. "저는 이미 직원들이 무슨 생각을 하는지 알고 있고 새로운 사실을 알게 된다고 해도 뭔가를 바꿀 계획이 없습니다." 현실과 멀어진 채, 심지어는 자신이 현실로부터 동떨어져 있다는 것도 모른 채, 의도와 달리 열악한 근무 환경을 조성하고 있는 사람들이 바로 이런 관리자입니다. 이런 관리자는 과거에는 영웅이라 불렸을지 모릅니다. 그러나 생산성, 팀워크, 의사소통, 품질, 서비스, 이윤의 하락 등, 업무 환경이 악화되면 이들은 우리에게 도움을 청하려 할 것입니다. 따라서 이런 분께도 감사드립니다!

마지막으로 2006년 10월 21일 미국에서 가장 규모가 큰 농장이자 농산품 포장업체 중 하나인 베터라비아 팜스의 CEO 겸 총책임자 조 프랜디니가 세상을 떠났습니다. 우리는 15년 동안 베터라비아와 함께 일하며 조 프랜디니의 훌륭한 리더십의 힘을 직접 봐왔습니다. 조 프랜디니는 조직의 미래에 관한 설득력 있고 긍정적인 비전을 갖고 있었습니다. 그는 사람들이 비전을 공유하고 열정적으로 자신을 따라 그 비전을 실현하도록 이끄는 강하고 섬세한 관계를 형성했습니다. 조 프랜디니는 조직의 탁월함을 창출하기 위해 노력하는 훌륭한 조직에 대한 이야기를 들을 때면 다음과 같이 말하곤 했습니다. "그거 정말로 강력한 얘기네요. 꼭 글로 쓰세요." 조 프랜디니를 아는 사람이라면 누구나 그를 그리워할 것입니다.

조, 이 책을 당신께 바칩니다.

얼마 전 트위트에 "내가 본 최고의 사훈 ㅋㅋㅋ"란 제목으로 올라온 뭔가 속 깊은 의미가 있어 보이는 [河己失音官頭登可]란 글을 보고 이게 뭘까 하고 고민을 하다가 특별한 의미가 있는 게 아니라 [하기실음관두등가]란 우리말 독음을 보고 실소를 한 적이 있다. 이런 사훈을 제정한 회사는 없겠지만 이런 사고를 가진 관리자와 경영자들을 우리 주변에서 가끔 볼 수 있다.

역자는 관리자, 리더십 강사, 리더십 코치, 교수, CEO로서 지난 30년 가까이 거의 하루도 빠지지 않고 리더십에 대한 다양한 고민을 해왔고 지금도 리더십 딜레마를 매일 경험하고 있다.

대기업의 관리자로 재직하며 부하 직원들을 통해 조직성과를 도출하기 위해 노력해 왔고, 리더십 강의를 해오며 각 대상자들에게 필요한 리더십이 무엇인지, 리더십을 어떻게 개발할 수 있을 것인지에 대한 고민을 해왔다. 박사 논문을 '리더십 다면평가'란 제목으로 쓰면서 학문적 깊이가 부족한 데 대한 자책과 부끄러움을 경험했고, 리더십 칼럼을 쓰며 매번 제때 마무리하지 못해 헉헉대기도 했다. 경영자들에게 1:1 리더십 코칭을 하면서 그들의 말 못할 고민과 인간적 취약점을 극복할 수 있도록 도우면서 감동하고 행동이 변하는 모습을 보며

짜릿한 쾌감을 느끼기도 했지만, 뚜렷한 대안을 찾지 못해 어물쩍 넘어간 적도 있었다. 또한 20여 년 전 컨설팅 회사를 설립하여 조직관리의 최고 책임자로서 자신의 리더십을 적용하며 이론과 현실 차이에서 오는 시행착오를 반복하면서 오늘에 이르고 있다. 그나마 다행인 것은 회사가 인사, 조직 분야 컨설팅 회사들 중 '전문가 집단의 이미지'와 '좋은 인재들이 가장 장기 근속하는 회사'로 알려져 있다는 것이다.

뛰어난 인재 없이는 뛰어난 조직이 될 수 없다. 또한 뛰어난 인재가 오래 머물게 하고 그들과 함께 회사가 성장하려면 리더십 없이는 불가능하다.

이 책을 접하고 번역을 결심하게 된 것은, 이 책이 먼저 조직의 리더로서 역자 스스로를 많이 부끄럽게, 반성하게 만들었기 때문이다. 거창하고 깊이 있는 이론이 아니라 아주 쉽고 설득력 있게 리더가 무엇을 해야 하는지, 무엇을 해서 안 되는지를 알려주기 때문에 사람 관리 때문에 고민하는 관리자들이 보면 크게 도움이 되겠다는 확신이 섰다. 또 이 책의 출발점이 '좋은 인재들이 모여들고 오래 머무르게 하기 위해서는 리더들이 어떻게 해야 할 것인가'이기 때문에 회사의 CEO들이 이 책을 읽게 된다면 사내의 관리자들에게 읽으라고 적극 추천할 것이라는 확신이 들었다. 인재가 모이게 하는 데도, 인재가 떠나게 하는 데도 리더십이 가장 크게 작용한다는 것을 잘 알고 그런 고민을 가장 많이 하는 분이 바로 CEO이기 때문이다.

이 책이 팀 성과를 주도하는 팀장들에게, 조직관리 경험이 부족한 초보 관리자에게, 조직관리로 고민하는 연구개발, IT분야의 리더들에게 두고두고 볼 수 있는 귀한 지침서가 되기를 기대한다.

정재창

Contents

| 2부 |

따르는 사람이 있어야 리더가 될 수 있다

3장 차이를 만들어내는 리더가 되라

|3부|
탁월한 조직을 만드는 리더십은 따로 있다

6장 탁월한 조직을 만드는 67가지 리더십 기술

|4부|
탁월한 조직의 가치는 가늠할 수 없다

7장 탁월한 조직 만들기의 결과

『이기는 리더십 기술 67가지』는 직원들이 일하고 싶은 환경, 고객들이 먼저 찾는 환경을 조성하는 리더가 되고 싶은 사람에게 필요한 책이다. 지난 20년 동안 피터 배런 스타크Peter Barron Stark 사는 다양한 유형의 조직과 함께 뛰어난 업무 환경을 만들고자 노력하는 최고의 경영 컨설팅사라는 자부심을 갖고 일해왔다. 또 이 기간 동안 250개 이상의 다양한 조직을 평가하고, 전 세계 수백 개 조직, 십만 명 이상의 관리자와 직원들의 의견을 수집, 분석해왔다. 그리고 이들의 의견을 해석하여 금융, 제조, 최첨단 기술, 헬스 케어, 제약, 스포츠, 유통, 식음료 서비스를 비롯한 다양한 업계의 리더들에게 근거가 확실한 데이터를 제공해왔다.

고객들로부터 직원들이 그들의 일, 조직, 직속 상사, 경영진에 대해 어떤 생각을 갖고 있느냐는 질문을 받으면 우리는 확신을 갖고 대답할 수 있다. 우리는 최고 조직들의 비결을 알고 있다. 그들의 리더가 어떻게 직원들의 적극적인 참여를 유도하는지 알고 있다.

이 책을 읽는 사람들은 최고의 조직(전체 조직의 최상위 4분의 1)이 나머지 기업과 차별화되는 10가지 중요 특징에 대해 알게 될 것이다(2장). 또 조직의 탁월함을 해치는 관리자가 저지르기 쉬운 11가지 어리석은 행동에 대한 내용(4장)과 이런 실수를 만회하고 긍정적인 리더의 역할을 하는 방법에 대해서도 접하게 될 것이다(5장). 뿐만 아니라 우리는 리더가 심각한 상황에서도 다른 사람의 도움 없이 차이를 만들어낼 수 있는 기법을 알려주고, 마지막으로 조직의 탁월함을 성취하기 위한 67가지 기술을 제시할 것이다(6장). 우리는 이들 기술을 사용하는 여러 고객들을 지켜봐왔고 그들의 성공 여부를 측정해왔다. 이런 기술이 효과가 있다는 걸 알고 있다는 말이다!

미래에 초점을 맞춘, 참여의식이 높은 직원들의 노력과 충성 없이는 자신이 가진 리더십을 100퍼센트 발휘할 수 없다는 걸 잘 알고 있는 리더라면 이 책을 계속 읽기 바란다. 직원이 자진해서 따르지 않는 사람은 관리자는 될 수 있어도 리더는 될 수 없다는 게 진리이기 때문이다.

팀 구성원의 능력이 출중하든, 아니면 겨우겨우 무너지지만 않고 버티든 상관없이 우리가 갖고 있는 데이터는 직원들의 생각을 아는 것, 탁월한 조직을 만들기 위해 무엇이 가장 중요한지 아는 것이 리더로서의 성공에 절대적으로 중요하다는 걸 보여줄 것이다.

성공의 비결: 업계 최고 사례를 벤치마킹하라

우리의 전문분야는 직원들을 파악하는 것이다. 우리는 고객의 파트너가 되어 고객이 최고의 경영 방식을 찾아내고 시행하며, 강력한 팀을 통해 최적의 결과를 달성할 방법을 파악할 수 있게 돕는다. 우리의 목표는 당신의 회사를 직원들이 스스로 선택하는 조직으로 만드는 것이다. 이것은 최고의 인재들이 일하고 싶어 하고 조직의 목표에 기여하고 싶어 하게 된다는 것을 의미한다. 인재는 줄어들고 경쟁은 치열해지는 상황에서 이는 매우 가치 있는 목표다.

그러므로 직원들이 직장과 경영진을 어떻게 생각하는지 파악하려면 시작점, 즉 기준이 필요하다. 어찌됐든 자신의 장점은커녕 단점조차 모르고서는 아무런 개선도 할 수 없는 것이다.

벤치마킹은 한 조직의 조사 결과를 다른 조직의 결과와 비교할 수 있는 매우 중요한 방법이다. 이 방법에 대해서는 잘 알려져 있다. 여러 기업으로 이루어진 집단에서 성공과 관련한 중요 지표들을 측정하고 여기에서 나온 지표를 합산하여 기준점을 산출한다. 그리고 이 기준을 사용하여 업계 최고의 기업을 선정하는 것이다.

우리는 우리의 고객들이 성공적으로 탁월한 조직을 만들 수 있도록 안내하기 위해 두 가지 기준점, 즉 모든 기업을 대상으로 산출한 전체 기업 기준점Overall benchmark과 조사 기업 중 최상위 25퍼센트 기업을 대상으로 산출한 최고 기업 기준점Best-of-the-Best Benchmark을 이용한다.

우리가 그간 많은 업계를 조사해왔다는 점을 기억하기 바란다. 다양한 분야들을 포괄하고 있기 때문에 우리의 기준점에는 다양한 업종에서 일하는 수많은 직원의 태도와 의견이 널리 반영되어 있다고 볼 수 있다. 또한 중상위 기업의 경영 방식도 조사에 포함시켰다. 직원 만족에 큰 가치를 두지 않는 기업은 조사 자체를 시행하지 않기 때문에 이런 기업은 직원이 일하기 좋은 기업, 훌륭한 기업이 될 가능성이 거의 없다고 우리는 확신을 갖고 말할 수 있다.

직원 인식조사는 현재 직원들의 태도와 직원들로부터 선택받는 회사가 되기 위해 취해야 할 조치를 파악하는 데 필요한 객관적인 데이터를 제공한다. 수천 명의 직원으로부터 수집한 데이터에서 최고의 기업이 두각을 나타내는 분야를 보여주는 일관적인 응답 패턴이 파악되었다. 직원 및 경영진과의 인터뷰에서 나온 여러 주제와 인식조사 데이터를 이용하여 우리는 전체 기업 기준점과 최고 기업 기준점이 차별화되는 부분을 확인할 수 있었다.

최고의 기업을 최고로 만드는 것은 무엇인가?

트렌드를 주도하는 기업은 남보다 우수한 결과를 달성하기 위해 어떤 일을 하고 있을까? 직원 인식조사를 시행하는 기간 동안 최고 기업 기준점은 계속해서 상승세를 보였다. 현재 전체적으로 긍정적인 답변이 최소한 82퍼센트 이상은 되어야 최고 기업 기준점을 통과하여 최고 기업으로 분류된다.

우리의 조사는 '매우 동의한다'와 '동의한다'는 답변을 합친 '긍정적 백분율'이란 지표로 직원 참여도와 만족도를 측정한다. 직원 인식조사의 경우 직원들이 조사의 설문에 어느 정도의 강도로 동의하느냐보다는 동의하는지 여부(매우 동의한다와 동의한다)를 더 중시한다. 예를 들어 "고위 경영진은 나에게 회사의 전략적 방향을 분명하게 전달해준다"라는 설문에서 전체 조사 응답자의 83.8퍼센트가 매우 동의한다 혹은 동의한다고 말했다라고 표현하는 식이다.

우리가 시행한 조사의 대부분은 100가지 문항으로 이루어진다. 그리고 대개 최고 기업 기준점과 전체 기업 기준점에서 상당한 차이가 나타났다. 앞으로 2장(탁월한 조직을 만드는 10가지 열쇠)에서 이런 차이에 대해 자세히 살펴볼 것이다.

위의 10가지 주요 분야에서 전체 기업 기준점에서의 긍정적 점수와 최고 기업 기준점에서의 긍정적 점수차는 9.7에서 29.3퍼센트 포인트로 나타났고 두 기준점의 문항별 점수차는 평균 14점이었다.

고객에게 조사 결과에 관해 얘기를 하면 다음과 같은 질문이 나오곤 한다. "우리 점수가 좋은 건가요?" "최고 조직과 비교해서 우리는 어떤가요?" 책의 뒷부분에는 이런 질문에 대한 답변이 제시될 것이다.

앞으로 우리는 기준점 데이터를 검토하고, 최고의 기업을 보통의 기업과 비교하며, 최고의 경영 방식에 대한 우리의 분석을 덧붙일 것이다. 그 결과 이 책의 독자는 최고 기업 기준점에 속하는 리더가 되기 위해 필요한 도구를 갖추게 될 것이다.

우리는 어떻게 고객의 성공을 도울 수 있는가?

다음은 우리가 고객에게 제공하는 서비스다.

강점과 부족한 점을 파악하기 위해 우리는 경영진과 직원용 맞춤 인식조사를 고안했다. 인식조사는 최상의 업무 성과를 위해 제공된 지원에 대한 인식을 평가하고 이를 정량적 데이터로 나타낸다. 이런 직원 인식조사 결과를 통해 대개 몰랐던 사실을 깨닫게 되는 경우가 많다.

그 다음으로 현장 직원 및 경영진과 직접 인터뷰를 하여 양질의 정보를 확보한다. 여기서 얻은 정보를 통해 우리는 기업 직원의 성과, 나아가 회사의 성과에 영향을 미치는 주요 이슈를 확인할 수 있었다.

마지막으로 인식조사 및 인터뷰 결과를 토대로 우리는 기업의 직원 지원과 동시에 직원들의 고객 지원을 개선하는 데 도움을 준다. 또한 구체적인 계획을 실행에 옮기고 경영진 코칭 기술을 활용함으로써 경영진이 보다 나은 리더가 되고 기업이 목표를 달성할 수 있게끔 돕는다.

현재 회사 상황이 어떠한가? 아마도 직원과 관련하여 해결해야 할 문제가 있을 것이다. 아니면 최고의 기업이 직원 문제를 어떻게 처리하는지 알고 싶을 수도 있다. 또는 경력에서 한 단계 도약을 이루려면 팀의 성과를 높여야 한다는 생각을 하고 있을 수도 있다.

제대로 찾아왔다. 우리는 이제 20년 동안 수많은 리더를 인터뷰하고 코칭하면서 얻은 통찰력과 기준점 데이터를 알려주려고 한다. 이 책을 읽는 독자는 최고의 관리자와 조직에 대해 직원이 어떻게 생각하는지 알게 될 것이다. 그리고 가장 중요한 건 이제 제대로 된 결과를 내는 존경받는 리더가 되려면 어떻게 해야 하는가를 깨닫게 될 거라는 점이다.

67

THE ONLY LEADERSHIP BOOK YOU'LL EVER NEED

1부

조직의 탁월함은
리더에게
달려있다

1장

사람들이 들어오고 싶어 하는
조직이 되라

사업에서 가장 중요한 것은 최종 수익이다. 그리고 이윤을 높이려면 자신의 일에 적극적으로 임하는 직원이 있어야 한다. 이유는 무엇일까? 회사의 상품과 서비스를 개선하고자 하는 마음이 있는 직원은 기꺼이 출근을 하고 싶어 한다. 게다가 직원의 긍정적인 태도는 전염성을 갖고 있다. 이러한 직원은 결과를 달성하고, 이는 회사의 수익으로 이어진다. 또 이들은 자신의 일에서 만족감을 느끼기 때문에 회사를 옮길 마음이 없다. 이때 회사는 이런 직원에게 선택받은 곳이다.

자신의 일에 대해 평균 이상의 긍정적인 마음을 갖고 있는 직원의 고객 만족도와 생산성은 그렇지 않은 직원에 비해 높으며, 조직에 창출하는 이윤도 더 크다. 또한 직원의 사기가 높은 회사(70퍼센트 이상)는 동종 업계 기업에 비해 평균 11.3퍼센트 성과가 더 좋았다.[1] 직원의 활력과 적극적인 참여를 유지하는 것이 회사 수익에 상당한 영향을 미치는 게 분명한 것이다.

인재 확보가 어려워지고 있다

현재 침체된 경기 속에서 혹시 해고될지도 모른다는 두려움에 많은 근로자들이 자신의 일자리를 지키기 위해 최선을 다하고 있을지 모른다.

그러나 경제가 나아지면 많은 산업에서 취업의 기회가 많아진다. 하지만 주도적으로 일하는 직원이 그동안 받은 모든 훈련과 경험을 뒤로 하고 다른 취업 기회를 찾을 가능성은 적다.

이것은 명심해야 할 필요가 있다. 직원 한 사람을 대체하는 비용이 엄청나기 때문이다. 대부분의 인력개발 전문가는 직원 하나를 대체하는 데 드는 비용이 직원 연봉의 70퍼센트에서 200퍼센트에 달한다고 추산한다. 사기 저하 문제를 다루는 일은 시간이 많이 소요되는 골치 아픈 일이다. 그렇다면 굳이 그럴 필요가 없는데 여기에 신경을 써야 하는 이유는 무엇일까?

직원들로부터 선택받는 회사는 직원 참여도와 만족도를 측정하고 직원의 주된 걱정거리를 해결하는 조치를 취한다. 회사가 자신의 말에 귀를 기울이고, 신경을 쓰며, 자신의 의견에 반응을 보인다는 것을 아는 직원은 그 회사를 선택할 것이다.

또 한 가지 명심해야 할 게 있다. 앞으로는 일할 사람이 부족하게 될 거라는 점이다. 통계에 따라 다르지만, 현재 모든 연구는 앞으로 노동인구가 감소하게 될 거라는 예측을 내놓고 있다. 인재를 고용, 유지하지 못하면서 어떻게 다른 기업과 경쟁할 것인가? 아마도 훈련받은 직원이 회사를 떠날 경우 인재 부족 현상으로 인한 손해는 훨씬 더 커질 것이다. 직원이 나가면 우선 회사는 새로운 사람을 고용하고 교육

하는 데 에너지를 쏟아야 하고, 팀 구성원들 역시 처음에는 공석으로 생겨난 일을 메우느라 고생하고 나중에는 신입사원을 교육하느라 시간을 쏟아야 한다.

맨파워Manpower 사 인재 관리 전문 그룹인 라이트 매니지먼트Right Management에서 시행한 2009년 연구에 따르면, 60퍼센트의 근로자가 자신이 살고 있는 지역의 고용 시장이 활성화될 경우 현재 직장을 떠날 의사가 있다고 밝혔으며, 추가로 4명 중 1명은 자신의 이력서를 계속해서 웹상에 올려놓고 업데이트를 하고 있다고 한다. 라이트 매니지먼트의 CEO 더글라스 매튜스는 이렇게 말한다. "근로자들은 경기 침체기 동안 자신들이 받은 처우에 대해 제대로 말하지 못한 불만을 분명하게 표현하고 있다. 기업은 회사를 유지하기 위해 필요한 구조 조정 과정을 밟아왔는지는 몰라도 많은 근로자가 그 과정에서 소외감을 느낀 것으로 나타났다. 그 결과 근로자의 사기는 저하되고 불만도 커졌다."[2]

인구통계 자료도 있다. 2006년 베이비붐 세대(1946년에서 1964년에 태어난 사람들로 약 7600만 명에 달함)가 60대에 접어들었다. 2008년 전체 근로자 중 55세 이상 근로자의 수는 18.1퍼센트에 달했다. 미국 노동통계청에 따르면 2018년 55세 이상 근로자의 수는 전체 노동력의 약 23.9퍼센트에 이를 것이라고 한다. 그 후 이들은 은퇴를 시작할 것이다.

베이비붐 세대의 은퇴는 그들이 갖고 있는 기술을 더 이상 사용할 수 없게 된다는 걸 의미할 뿐만 아니라 이후 세대에서는 계속 출생률이 줄어들고 있다는 점에서 중요한 의미를 지닌다. X세대, Y세대, 밀레니엄 세대가 그들의 자리를 메우기에는 턱없이 부족한 것이다.

회사를 떠나는 직원에 주의를 기울여라

근로자에게 새로운 일자리를 찾기 시작한 이유를 물으면 다음과 같은 대답이 가장 많이 나온다.

- 관리자 혹은 경영자가 직원이 회사에 기여한 바를 높이 평가하지 않거나 직원에 대해 별로 신경을 쓰지 않는 것처럼 보인다.
- 관리자가 직원에게 양질의 지속적인 의사소통을 하지 않는다.
- 관리자가 직원에게 성과에 대한 피드백을 제공하지 않는다.
- 관리자가 제때 성과 평가를 하지 않는다.
- 관리자가 직원을 존중하지 않는다.
- 관리자가 직원에게 명확한 방향을 제시하지 못한다.
- 직원이 해당 직장에서 더 이상 경력 개발의 기회가 없다고 생각한다.
- 직원이 도전적인 일자리 혹은 새로운 경험을 원한다.
- 직원이 보수와 혜택이 큰 일자리를 찾는다.

위의 이유 중 상당수는 관리자가 조절할 수 있는 것이다. 그러나 여러 관리자와 인터뷰를 하면서 직원이 다른 회사로 이직을 하는 이유가 무엇이냐고 묻자, 가장 많이 나온 대답은 높은 보수였다. 대개 이런 관리자는 직원들의 임금 인상 요구를 들어줄 수가 없기 때문에 직원이 다른 회사로 가는 걸 막을 도리가 없다고 했다.

대부분의 경우 직원들은 직속 상사와 의미 있는 업무 관계를 맺지 못했기 때문에 회사를 떠난다.

그러나 회사를 그만두는 직원과의 인터뷰에서 나온 내용은 완전히 달랐다. 회사를 그만두는 직원의 대부분은 높은 임금을 받고 있었고 이직으로 인한 임금 인상 폭도 평균적으로 고작 6퍼센트밖에 되지 않아 놀라울 정도였다. 스스로에게 이런 질문을 던져보자. 일을 매우 좋아하고 상사가 진정으로 나의 가치를 인정해준다면 굳이 고작 6퍼센트의 임금을 더 받겠다고 다른 회사로 옮기겠는가?

이 질문을 받은 직원들은 대부분 잠시 동안 생각하다 "아니오"라고 대답했다. 그러나 만일 일이 마음에 들지 않고 상사가 좋지 않다면? 이러한 상황에서 6퍼센트의 임금 인상은 놓칠 수 없는 기회처럼 보일 것이다.

대부분의 경우 직원은 직속 상사와 의미 있는 업무 관계를 맺지 못했기 때문에 회사를 떠난다. 돈 문제가 아닌 것이다. 상사와의 관계가 돈독할수록 근로자가 다른 회사로 이직을 고려하는 데 돈이 미치는 영향은 작다.

참여의식이 없는 직원

연인 관계를 끝내는 방법에는 50가지가 있을지 모르지만 직원이 조직을 떠나는 방법은 단 두 가지뿐이다. 우선 경쟁업체로 이직을 하는 물리적인 경우가 있다. 이 경우에는 대처가 가능하다. 최소한 어느 직원이 팀을 떠났는지는 알기 때문이다. 다음에 할 일도 분명하다. 그 자리를 대신할 훌륭한 직원을 새로 고용하는 것이다.

두 번째는 모든 경영자에게 공포심을 불러일으킨다. 정신적으로는 회사를 그만두었음에도 불구하고 몸은 회사에 그대로 남아있는 경우 말이다. 직원의 참여 수준을 파악하는 데 도움을 주고 직원이 정신적으로 사직을 했다는 '경고'를 나타내는 다섯 가지 징후는 다음과 같다.

- 될대로 되라는 식의 태도. 반항적인 태도를 보이지는 않으나 분명 일에 별다른 감흥이 없는 경우
- 보통 수준의 성과만을 내는 데 필요한 최소한의 노력. 정시에 출근하고 정시에 퇴근하며 단순히 일자리를 잃지 않을 정도로만 일을 하는 경우
- 잦은 결근. 정기적으로 모든 병가나 정기 휴가, 개인 휴가를 다 사용하는 경우
- 열의 상실. 과거에는 사기가 충만하고 회사에 기여하는 바가 큰 직원이었을지 몰라도 이제는 뒤로 물러나 거의 아무것도 하지 않는 경우
- 미래에 거의 관심이 없음. 미래 비전에 대해 이야기하든, 회사 기념일 파티에 대해 논의하고 있을 때 '지금 이 자리'에서 일어나는 일에만 관심을 보이는 경우

행복한 소에서 더 좋은 우유가 나온다

빌 캐틀렛과 리처드 해든이 『행복한 소에서 더 좋은 우유가 나온다 Contented Cows Give Better Milk』라는 책에서 밝혔듯이 직원이 보기에 기대에 미치지 못하는 조직은 갈 데가 없어서 다니는 곳으로 여겨지는 경우가 많다. 이런 조직은 능력 있는 인재를 확보하기 위해 다른 회사보다 높은 임금을 지불하든가, 아니면 능력이 좀 떨어지는 사람으로 만족해야 한다.

직원 만족도가 높은 조직에 관한 연구에서 빌 캐틀렛과 리처드 해

든은 비슷한 업종에서 직원 만족도가 높은 조직 여섯 군데와 만족도가 평범한 조직 여섯 군데의 성장률, 수익, 일자리 증가율(신규 일자리 창출)을 비교했다. 그리고 다음에 나오는 최소한의 기준을 충족시키는 조직만을 조직 만족도가 높은 기업으로 분류했다.

- 수익성 - 수익과 총수입 면에서 지속적인 성장세를 보였는가.
- 지속성 - 최소한 5년 이상 사업을 유지해왔는가.
- 만족도 - 조직 내에서 일하는 직원이 일반적으로 일하기 좋은 곳이라 여기고 있으며 긍정적인 노사 관계가 형성되어 있는가.

이들의 연구는 만족도가 높은 조직이 평범한 조직에 비해 성장률이 4배 높았고, 거의 400억 달러나 더 큰 수익을 올렸으며, 창출한 일자리 수의 차이도 80만 개 이상이었다는 걸 보여주었다. 빌 캐틀렛과 리처드 해든은 또한 직원 만족도가 높은 조직은 다음과 같은 세 가지 면에서 놀라울 정도로 유사한 속성을 보인다는 사실도 발견했다.

- 직원을 조직의 목표와 목적에 맞게 조정한다.
- 직원에 대해 관심을 갖고 직원을 인정한다.
- 필요한 교육, 정보, 도구를 제공함으로써 직원이 제대로 업무를 처리할 수 있도록 한다.

우리의 연구에서도 이런 현상이 계속해서 발견되었다. 성공적인 조직은 직원에게 기업의 임무와 비전을 잘 이해시키고, 분명한 기대치를 제시하며, 직원이 회사에 대한 자신의 기여가 얼마나 중요한지 깨닫게 하고, 배우고 성장할 수 있는 기회를 제공한다는 점에서 평범한 조직과 차별화된 모습을 보였다.

우리의 연구 결과는 직원이 어느 정도까지 자신의 능력을 다해 조직에 기여하는가는 필요성이나 두려움, 경제적 영향보다는 '마음가짐'에 영향을 받는다는 걸 보여준다. 직원들의 선택을 받는 회사가 되고 싶다면, 또 사업에서 성공하고 싶다면 그것은 모두 조직의 마음가짐에 달려있는 것이다. 그리고 이런 마음가짐은 탁월한 조직을 만드는 10가지 열쇠를 따랐을 때 가장 잘 실현될 수 있다.

2장

탁월한 조직을 만드는 10가지 열쇠

놀랍겠지만 최고의 조직이 갖는 특징은 고작 10가지밖에 되지 않는다. 이 열쇠들을 사용하면 직원이 최우선적으로 선택하는 독보적인 영역의 회사로 진입할 수 있다. 그 열쇠는 다음과 같다.

1. 분명한 목표를 지닌 설득력 있고 긍정적인 비전
2. 의사소통 – 적시에 적절한 내용 전달
3. 적재적소에 딱 맞는 인재 선발
4. 기억해라: 우리는 같은 팀이다
5. 창조적 활동 – 지속적인 개선과 혁신
6. 탁월한 성과에 대한 인정과 보상
7. 책임을 중시한다
8. 모든 직원이 배우고 성장한다
9. 문제는…… 문제 없어!
10. 중요한 것은 고객이다

위의 10가지 열쇠는 시장에서 최고의 조직이 특별한 경쟁력을 지닐 수 있게 한다. 경영진이나 회사와의 특별한 관계 때문에 이런 조직의 직원은 자발적으로 기꺼이 노력을 기울인다. 기본적으로 이런 직원은 더 많이 '받고', 더 많이 '기여한다.' 회사 전체적으로 긍정적인 답변이 78퍼센트가 나오는 직원 인식조사가 드물지 않다. 그러나 놀랍게도 관리자들에 대해서는 긍정적 답변의 차가 30에서 50퍼센트 포인트까지 벌어지는 경우가 종종 있다.

위의 모든 열쇠는 직속 관리자, 감독자가 직접적으로 통제할 수 있는 것들이다. 이는 직원을 이끄는 방식을 바꾸면 업무 성과를 향상시킬 수 있다는 뜻이다.

직원 인식조사 결과를 개선하는 데에는 두 가지 방법이 있다. 우선 관리자가 이전과 달리 새로운 리더십을 발휘하는 방법이 있고, 두 번째로는 고위급 경영진이 강력한 결정을 내려 결과가 좋지 않은 부문의 관리자를 교체하는 방법이 있다. 그러나 때때로 관리자 교체가 조직을 개선시키기도 하지만, 관리자가 조직에서 떠나는 경우 조직의 탁월함에 심각한 영향을 미칠 수도 있다.

리더는 직원이 일하러 오고 싶고 고객이 거래하고 싶은 환경을 만들어야 할 자신의 역할과 힘, 책임을 간과해서는 안 된다. 중요한 결정은 고위급 경영진이나 이사회에서 내려진다고 해도 리더는 자신의 책임 하에 있는 업무의 성과와 조직에 의미 있는 차이를 만들어낼 수 있다. 진부한 얘기지만 우리

> 사람들은 일자리 때문에 회사에 들어오지만 떠날 때에는 상사 때문에 회사를 떠난다.

연구에서도 입증된 게 있다. 바로 사람들은 일자리 때문에 회사에 들어오지만 떠날 때에는 상사 때문에 회사를 떠난다는 사실이다.

조직과 직원의 삶에 큰 기여를 하고자 하는 관리자라면 리더십에 초점을 맞추기 위해 탁월한 조직을 만드는 10가지 열쇠를 사용해야 한다. 이 열쇠들은 거의 20년 동안 이어져온 연구의 결과이며 관리자가 직원을 위해 환경을 개선할 수 있도록 도움을 줘온 우리의 전문지식이 반영된 것이다.

열쇠 1
분명한 목표를 지닌 설득력 있고 긍정적인 비전

분명 비전이란 말은 우리 시대 훌륭한 경영과 관련하여 가장 많이 나오는 말 중 하나다. 비전은 '주주', '패러다임' 같은 단어와 함께 아주 많이 사용된다. 바람직한 미래 결과에 대한 분명한 이미지인 비전은 앞으로 만들어가야 할 것이 무엇인지를 정확히 보여주는 퍼즐 상자의 그림과 같다. 비전, 임무, 목표, 철학, 가치 등 이름은 달라질 수 있지만 이들은 대개 같은 것을 가리킨다. 바로 조직 전체의 중요한 목표 말이다.

당연히 최고의 조직은 미래 비전을 직원에게 전달하고, 기업 목표를 정하며, 직원이 어떤 목표와 결과를 달성할 책임이 있는지를 분명하게 하는 일에 특별히 능숙하다.

비전은 기업의 수익에 큰 영향을 미친다. 스탠퍼드 대학 교수인 제임스 C. 콜린스와 제리 I. 포래스는 포춘 선정 500대 기업과 인크Inc. 선정 100대 기업을 조사하여 그들이 생각하기에 '비전 중심 경영을 하는' 기업을 선별하고 이들을 다른 경쟁업체와 비교했다. 1926년에 일반적인 뮤추얼 펀드에 투자한 1달러는 1990년 415달러로 불어났을 것이다. 그러나 같은 1달러를 비전 중심 경영을 하는 기업에 투자했을 경우 그 1달러는 1990년 6,356달러로 늘어났을 것이다.[1] 바로 이런 결과가 모든 조직이 원하는 결과가 아닌가? 보다 자세한 내용은 『성공하는 기업들의 8가지 습관』을 참고하기 바란다.

그러나 '비전'과 관련한 문제는 세 가지 측면을 갖는다. 우선 조직들 중에는 자신들이 어디를 향해 나아가야 할지 분명한 비전이 없는 조직이 있다. 한 직원이 우리에게 이렇게 말한 적이 있다. "전 미스터리 서적을 좋아합니다. 하지만 그런 상황 속에서 일하고 싶지는 않습니다."

문항: **나는 조직의 목표와 미래 방향을 분명하게 알고 있다.**

최고 기업 기준점	89.5%
전체 기업 기준점	74.8%
최고 기업과의 차이	+14.7

표1. 비전과 관련한 최고 기업

두 번째로 조직 중에는 비전을 제시하기는 하나 그에 따라 행동하지 않거나 비전을 현실화시키지 못하는 조직도 있다. 어떤 조직에서 임원들이 새로운 비전이 인쇄된 작은 카드를 나누어준 적이 있었다. 그러나 직원들이 비전 얘기를 들은 건 그게 끝이었다. 더 심각한 건 그 회사 경영진의 행동은 비전의 내용과 완전히 반대되는 것이었다는 점이다. 직원들은 벽에 적힌 글귀가 아니라 사무실에서 매일 같이 보고 듣는 것에 자극을 받는다.

문항: **우리의 일상 업무 방식은 우리가 갖고 있는 비전과 일치한다.**

최고 기업 기준점	90.2%
전체 기업 기준점	79.7%
최고 기업과의 차이	+10.5

표2. 일관된 업무 방식과 관련한 최고 기업

세 번째는 비전을 실현할 조직 구조를 만들지 못하고 개인에게만 초점을 맞추는 경우다. 이런 회사에는 컨설턴트가 할 일이 많겠지만 "누가 함께 일을 잘하고 못하는가"에 대한 조직도를 그리는 일이 회사에 가장 이익이 되는 일은 아니다. 조직이 비전을 달성할 수 있도록 가장 효과적으로 지원하는 구조가 탁월한 결과로 이어진다.

문항: **우리 회사의 조직 구조는 비전과 목표를 달성하는 데 도움이 된다.**

최고 기업 기준점	75.5%
전체 기업 기준점	62.2%
최고 기업과의 차이	+13.3

표3. 조직 구조와 관련한 최고 기업

비전은 관리자에게 엄청나게 강력한 도구가 될 수 있다. 루이스 거스너가 1993년 IBM의 총책임을 맡게 되었을 때 IBM은 위기 상태였고 연간 순손실이 80억 달러를 기록했다. 당시 루이스 거스너는 다음과 같이 말했다. "IBM에 비전은 필요 없다." 고작 1년 후인 1994년, 그는 IBM에 장기적인 안목이 필요하다는 점을 인정했다. 전략적 계획기간으로부터 마련된 비전의 결과로 믿을 수 없을 정도의 놀라운 반전이 시작됐다.

IBM의 고위급 경영진은 회사의 힘을 어디에 집중시켜야 할지 분명하게 표현했고, 1995년 루이스 거스너는 컴퓨터 네트워크가 다음 IT 산업 성장 국면의 동력이 될 것이며, 이것이 IBM 전체에서 가장 중요한 전략이 될 거라는 새로운 비전을 제시했다. 이런 비전과 장기 전략에 의거해 IBM은 여러 회사를 인수했고, 그 결과 네트워크 서비스는 회사 내에서 가장 빠르게 성장하는 부문이 되었다. IBM의 놀라운 반전은 IBM에 가장 필요했던 게 회사 전체가 공유하는 비전이었다는 것을 보여준다.

분명한 비전과 전략적 목표는 사람들에게 용기와 활력을 주는 힘이다. 위대한 비전은 혁신적이며, 설득력이 강하고, 가슴으로 느껴진다. 비전은 마음으로부터 나오고 사람과 조직 모두에 열정을 불러일으킨다. 보고 이해할 수 있기 때문에 비전인 것이다.

최고의 조직이 다른 조직과 다른 점은 여러 목표, 기업의 미래 방향과 함께 설득력 있는, 긍정적인 비전을 소유하고 이를 직원들에게 잘 이해시킨다는 점이다. 목적지를 분명하게 알고 그 목적지에 도달하는 데 필요한 지도와 목적지까지 가는 동안 의사소통을 할 여행 가이드가 있는 경우 사람들은 그 여행에 도움을 줄 뿐만 아니라 여행을 진정으로 즐기게 된다.

사람들에게 동기를 부여하고, 사기를 진작시키며, 생산성을 높이고 싶다면 설득력 있는 긍정적 비전을 먼저 결정해야 한다.

의사소통 – 적시에 적절한 내용 전달

다음과 같은 식으로 느낀 적이 있거나 다음과 같이 생각하는 것처럼 보이는 사람 밑에서 일해본 적이 있는가?

- 직원들이 일을 하는 데 굳이 회사 정보가 필요한가?
- 직원들이 "알아들었는데", 굳이 세세하게 관련 정보까지 알려줄 필요가 있나?
- 직원들이 전략적 방향에 대해 신경 쓸 필요가 있나?

진짜 이유든, 아니면 변명에 지나지 않든 관리자가 이런 생각을 갖고 직원에게 제대로 된 정보를 제공하지 않으면 관리자, 직원, 조직 간의 관계는 대개 나빠지게 마련이다.

자신의 의견과 생각이 환영받거나 가치를 인정받지 못한다는 생각이 들면 직원들은 결국 더 이상 의견을 제안하거나 스스로 결정을 내리지 않고 그저 명령 받은 대로 행동하게 된다. 이는 성공의 태도가 아니다.

개인적 관계에서든 조직 내에서든 진정한 의사소통을 제대로 하기란 어렵다. 사람들은 바빠서 의사소통을 할 시간을 내기 어렵다고 말한다. 하지만 그래도 할 수 있다. 최고의 조직들은 많은 다른 조직에서 나타나는 하향식 명령형 의사소통만이 아닌 경영진과 직원 간의 쌍방향 의사소통을 중시한다.

최고의 리더는 항상 직원들의 생각과 의견을 알려고 한다. 이들은 직원들이 스스로 생각하고 회사를 발전시킬 결정을 내리길 바란다. 그리고 직원들의 일에 영향을 미치는 새로운 결정을 내리기에 앞서 그들의 생각과 의견을 반드시 물어본다.

문항: 우리 조직의 경영진과 관리자는 조직에서 일하는 직원의 의견과 생각을 알고자 한다.

최고 기업 기준점	79.8%
전체 기업 기준점	61.6%
최고 기업과의 차이	+18.2

표4. 직원 의견 파악과 관련한 최고 기업

직원 참여도 면에서 18.2퍼센트 포인트의 차이는 대단한 경쟁 무기라고 할 수 있다. 일에 적극적으로 참여하고 자신의 생각과 의견이 조직의 성공에 영향을 미친다는 것을 아는 직원의 수가 늘어날수록 조직은 경쟁업체에 비해 고객 만족도가 높고, 보다 생산적이며, 많은 이윤을 내는 조직이 될 수 있다.

다들 최고 경영진에서 어떤 일에 대해 알게 되는 때와 일선에서 일하는 직원이 해당 정보를 알게 되는 때 사이에 시간 간격이 나타나는 걸 본 적이 있을 것이다. 의사소통이 매우 신속하게 이루어지는 조직도 있고 의사소통에 몇 달, 심지어는 몇 년이 걸리는 조직도 있다.

의사소통을 잘하는 관리자들은 직원들이 제때에 정보를 알고 있어야만 일을 제대로 할 수 있다고 생각한다.

물론, 일단 조직의 한 사람이 정보를 알게 되면 다른 동료들에게도 정보가 알려지

조직에서 정말로 '기밀'인 건 거의 없다는 걸 알게 될 것이다.

고, 결국 그 정보는 모든 사람한테 흘러 들어가게 된다. 정확하지 않거나 날조된 정보일 때도 말이다. 결국 조직에서 정말로 '기밀'인 건 거의 없다는 걸 알게 될 것이다.

문항: **우리 조직에서 좋은 일 혹은 나쁜 일이 일어났을 때 직원들은 적절한 때에 그에 대한 정보를 듣는다.**

최고 기업 기준점	81.9%
전체 기업 기준점	63.1%
최고 기업과의 차이	+18.8

표5. 정보 공유와 관련한 최고 기업

민감한 혹은 '논의가 바람직하지 않은' 주제를 직원이나 하급 관리자들에게 비밀로 할수록 직원들은 경영진이 자신을 신뢰하지 않는다고 생각하게 된다. 그 결과 직원들은 자신의 일을 제대로 하기 어려워질 것이다.

한 직원 인식조사 과정 중에 '직원들은 큰 그림을 보지 못하기 때문'에 직원들과 정보를 공유하지 않는다고 말하는 관리자가 있었다. 그러나 결국 직원 모두가 정보를 알게 되었고, 그 후 한 사람씩 그 관리자에게 찾아가 그것이 정확한 정보인지 물었다.

대부분의 기업에서는 정기적으로 경영진 회의가 열린다. 회의가 끝났을 때 최고의 관리자들은 직원에게 조직의 미래 계획을 전달하는 면에서 훨씬 더 뛰어났다.

문항: **나의 관리자는 조직의 계획에 대한 정보를 지속적으로 제공한다.**

최고 기업 기준점	87.2%
전체 기업 기준점	72.5%
최고 기업과의 차이	+14.7

표6. 회사 계획에 대한 정보 공유와 관련한 최고 기업

계획이 있으면 그 계획에 대한 변경도 있다. 조직은 성공을 하기 위해 방향을 바꾸고 계획을 조정해야 한다. 또한 이러한 변화는 신속하게 모두에게 전달될 필요가 있다. "난 화가 났다. 계속해서 이 프로젝트에 매달려왔는데 불과 저번 주에야 프로젝트가 60일 전에 취소됐다는 걸 알게 됐다." 이런 의견이 인식조사에서 나왔을 때 관리자가 느낄 당혹감과 실망을 생각해보기 바란다.

문항: **조직에 변화가 있을 때 나는 적절한 때에 그에 대한 정보를 듣는다.**

최고 기업 기준점	87.2%
전체 기업 기준점	72.5%
최고 기업과의 차이	+14.7

표7. 시기적절한 의사소통과 관련한 최고 기업

고위급 경영진은 직원에게로 흘러 들어가는 전반적인 의사소통에 매우 중요한 역할을 한다. 이메일, 동영상, 전체 회의 등 방법에 관계없이 CEO가 정기적으로 모든 직원과 의사소통을 하는 경우 대부분의 직원들은 그러한 의사소통을 높이 평가한다. 고위급 경영진의 어려움은 직원들이 '정보에 대해 알도록' 하는 데에 높은 가치를 두는 관

리자의 도움 없이는 일선 직원들과 완전하게 효율적인 의사소통을 할 수 없다는 것이다.

문항: 고위 경영진으로부터 직원에게로 효율적인 의사소통이 이루어진다.

최고 기업 기준점	64.6%
전체 기업 기준점	52.3%
최고 기업과의 차이	+12.3

표8. 의사소통 흐름과 관련한 최고 기업

조직의 의사소통에서 지연되는 시간이 없도록 해야 한다. 고위급, 중간급 간부들이 직속 상사와 더불어 일선 직원에게 빠르게 정보를 전달할수록 직원은 제대로 된 정보를 바탕으로 올바른 결정을 내리고 최고의 서비스를 제공할 수 있게 된다.

열쇠 3
적재적소에 딱 맞는 인재 선발

잠시 동안 앉아서 내가 관리하는 사람들이 동료에 대해 어떤 감정을 갖고 있을지 생각해보자. 조직의 자산이 되는 훌륭한 팀 구성원을 고용했다고 생각할까? 이러한 면에서 최고의 조직은 전체 기업 기준점보다 20퍼센트 포인트 높게 나타났다.

탁월한 직장이라는 명성이 자자한 조직의 경우 뛰어난 인재가 면접을 보러 올 가능성이 크다. 또 이런 사람을 고용하는 조직이라는 이름이 나면 평범하거나 능력이 떨어지는 지원자를 채용하지 않아도 된다. 여느 최고의 조직이 그러하듯 적당하지 않은 지원자에게 일자리를 주느니 기다리면서 채용 공고를 다시 내면 되는 것이다.

문항: **우리 조직은 최고의 인재를 채용한다.**

최고 기업 기준점	79.8%
전체 기업 기준점	59.6%
최고 기업과의 차이	+20.2

표9. 인재 채용과 관련한 최고 기업

최고의 조직에서는 여러 사람이 지원자를 면접한다. 그리고 대부분의 사람들은 서류상 그리고 팀 구성원으로서 지원자가 적당한 사람인지에 대한 의견을 내놓는다.

최고의 조직을 구분하는 다른 특징으로는 이런 조직이 채용 과정과 직원 오리엔테이션을 중요하게 여긴다는 점이다. 이런 조직은 딱 맞는 사람을 찾는 데 귀중한 시간과 돈이 든다는 걸 잘 안다. 따라서 이들은 직원과 조직의 성공을 위해 할 수 있는 모든 것을 하고자 한다.

그 결과 최고의 조직은 조직 내 적재적소에 신중하게 직원을 배치하는 데 훨씬 뛰어나게 된다.

문항: **신입 직원은 '회사의 업무 처리 방식'에 대한 자세한 교육을 받는다.**

최고 기업 기준점	79.7%
전체 기업 기준점	65.5%
최고 기업과의 차이	+14.2

표10. 오리엔테이션과 관련한 최고 기업

최고의 조직은 자질이 우수하고 훈련이 잘된 사람을 관리직에 승진시킨다는 점에서 상당한 차이를 보인다. 관리자 한사람이 탁월한 직장을 만드는 데 중요한 역할을 한다면 이러한 리더가 다른 사람을 이끄는 자리에 오르는 것이 타당할 것이다.

문항: 우리 조직은 자질이 우수하고 훈련이 잘된 사람을 관리직에 승진시킨다.

최고 기업 기준점	73.8%
전체 기업 기준점	60.9%
최고 기업과의 차이	+12.9

표11. 관리직 승진과 관련한 최고 기업

적합한 리더를 선별하는 일은 조직의 성공에 있어 매우 중요하다. 직원이 퇴근을 하면서 "난 내 일이 참 좋아"라고 말을 하느냐, 아니면 "이 돈을 받으면서 이런 거지 같은 일을 참고 못 견디겠어"라고 말을 하느냐는 그 직원과 직속 상사와의 관계에 달려있다.

직원에게 훌륭한 리더와 함께 일할 수 있게 해준다면 최고의 조직으로 평가될 가능성이 상당히 높아진다.(열쇠 8에서 살펴볼 내용대로 직원에게 성장의 기회를 주는 훌륭한 리더를 마련해주는 조직은 직원들로부터 선택받는 조직이 될 가능성이 훨씬 크다.)

기억해라: 우리는 같은 팀이다

조직의 성공과 관련하여 개인은 절대 팀 없이는 이길 수 없다. 그리고 팀은 팀 구성원 하나하나의 노력 없이는 승리할 수 없다.

NBA의 전설 마이클 조던은 모두에게 명심하라며 다음과 같은 말을 했다. "팀에 '나'는 없지만 승리에 '나'는 있다." 승리를 계속해서 이어나가려면 훌륭한 선수도 필요하지만 훌륭한 팀워크가 그에 못지않게 중요하다.

모든 팀 구성원이 각자 맡은 일을 하며, 자신이 한 일에 대해 책임을 지고, 뛰어난 결과를 내야만 팀이 승리할 수 있다. 최고의 조직은 팀워크와 개인 능력 사이의 미묘한 균형에 대해 잘 이해하고 있다.

문항: **우리 조직은 팀워크에 높은 가치를 둔다.**

최고 기업 기준점	92.0%
전체 기업 기준점	80.7%
최고 기업과의 차이	+11.3

표12. 팀워크 가치와 관련한 최고 기업

두 기준점 모두에서 80퍼센트 이상의 응답자가 팀워크를 중시한다는 답변을 했다. 팀워크를 얼마나 중시하는가도 최고의 조직과 평범한 조직을 가늠하는 특징으로 나타났다.

문항: **우리 부서는 팀워크가 좋다.**

최고 기업 기준점	89.9%
전체 기업 기준점	78.9%
최고 기업과의 차이	+11.0

표13. 부서 내 팀워크와 관련한 최고 기업

두 기준점에서 거의 모든 사람이 팀워크는 부서의 강점이라는 데 동의했다. 최고의 조직이 특별히 다른 점은 부서 내 팀워크만 강한 것이 아니라 부서 간 팀워크도 훌륭하다는 점이었다.

문항: **우리 조직에서는 여러 부서 간 협력이 잘 이루어진다.**

최고 기업 기준점	80.3%
전체 기업 기준점	64.3%
최고 기업과의 차이	+16.0

표14. 부서 간 팀워크와 관련한 최고 기업

모든 조직이 부서 간 의사소통에 어려움을 겪지만 최고 조직은 전체 기업 기준점에 속하는 조직에 비해 이 부분에서 상당히 뛰어났다.

문항: **부서 간에 정보 의사소통이 잘 이루어진다.**

최고 기업 기준점	64.9%
전체 기업 기준점	51.6%
최고 기업과의 차이	+13.3

표15. 부서 간 의사소통과 관련한 최고 기업

일단 부서 내에 팀워크를 구축하고 나면 그 팀워크와 의사소통을 다른 부서로까지 확장시킴으로써 다른 조직보다 앞설 수 있다.

팀워크, 단지 말뿐이 아닌 행동으로 나타나는 팀워크는 나로부터 시작된다. 전략과 프로젝트에 대한 핵심 정보를 조직 상하, 전체에 전달하면서 비전을 실현하기 위해서는 이런 리더십 스타일이 반드시 필요하다.

창조적 활동 – 지속적인 개선과 혁신

최고의 고객과 일을 한 후 사무실로 돌아와 직원들과 함께 고객이 현재 고심하고 있는 새로운 제품이나 공정, 서비스 개발 혹은 중대한 조직 및 업계 문제 해결과 같은 '창조적 활동cool stuff'에 대한 이야기를 나눌 때가 많다. 일상적인 업무를 수행하는 것 외의 모든 일이 이 '창조적 활동'의 범주에 속한다.

캘리포니아 최대 규모의 농장 중 하나인 베터라비아 팜스에서는 혁신이 일상 업무의 핵심 요소다.

15년 전 베터라비아 팜스는 고랑에 물을 채우는 방식으로 작물에 물을 주었고, 들판에 트랙터를 몰고 다니며 비료를 뿌렸다. 그러나 직원들의 아이디어와 효율성을 높이고자 하는 지속적인 목표를 통해 새로운 시스템이 개발됐다. 오늘날에는 5센티미터 깊이의 땅에 호스를 묻고 거기에 작게 뚫린 구멍을 통해 모든 작물에 물과 비료가 공급된다. 그리고 GPS가 장착된 트랙터가 작게 뚫린 구멍 위에 정확하게 씨

앗을 뿌린다. 이런 혁신 덕분에 농장에서는 연간 수백만 달러를 절감할 수 있었다.

여기서 강조할 점은 '창조적 활동'이 혁신과 지속적 발전, 변화에 관한 것이라는 사실이다. 그리고 변화는 대개 사람들을 불편하게 만든다.

기준점들에 나타난 한 가지 흥미로운 사실은 최고의 리더가 직원을 '불편'하게 만드는 데 더 능숙하다는 점이었다. 강한 어조로 '불편'은 직원의 마음을 흔들어놓는 옳지 못한 감정이라고 하는 사람도 있었다. 그러나 불편함은 사람들이 '창조적 활동'에 몰두하여 조직에 가치를 더해야 할 때 느끼는 바로 그 감정이다.

조직은 자신이 가치 있다고 생각하는 것, 기대하는 것, 높이 평가하는 것을 실현할 능력이 있다. 최고의 조직은 직원들이 조직의 여러 면을 개선할 수 있도록 장려하고 용기를 북돋는 환경을 조성하는 데 특히 뛰어나다. 이것은 누군가가 용기를 내서 의견을 제시한 경우에만 한 달에 한 번 정도 열어보는 직원 의견함에서 혁신적인 아이디어가 나오는 환경과는 완전히 다르다.

문항: 내가 먼저 나서서 맡은 분야의 여러 면을 개선할 수 있도록 하는 분위기가 조성되어 있다.

최고 기업 기준점	91.4%
전체 기업 기준점	65.8%
최고 기업과의 차이	+25.6

표16. 혁신을 장려하는 분위기와 관련한 최고 기업

장려는 좋은 일이다. 최고의 조직은 연간 업무 평가에 해당 주제를 포함시키는 등 지속적인 발전에 관한 기대치를 설정하는 것이 훨씬 효과적이라는 걸 알고 있다. 조직은 자신이 기대하는 바, 평가하는 바를 얻는다.

문항: **우리 조직에는 혁신적인 새 아이디어를 생각해야 하는 분위기가 조성되어 있다.**

최고 기업 기준점	79.5%
전체 기업 기준점	67.6%
최고 기업과의 차이	+11.9

표17. 혁신에 대한 기대와 관련한 최고 기업

직원이 품질을 개선하고 혁신적인 아이디어를 내놓았을 때 이를 인정해줘야만 이런 행동이 장려된다. '창조적 활동'에 몰두하는 직원을 칭찬하면 모든 직원에게 혁신과 개선이 중요하다는 메시지가 전달된다.

문항: **우리 조직에서는 혁신적인 아이디어를 생각해낸 직원이 인정을 받는다.**

최고 기업 기준점	84.5%
전체 기업 기준점	60.1%
최고 기업과의 차이	+24.4

표18. 혁신에 대한 인정과 관련한 최고 기업

문항: **우리 조직은 지속적인 개선에 높은 가치를 둔다.**

최고 기업 기준점	90.9%
전체 기업 기준점	76.9%
최고 기업과의 차이	+14.0

표19. 지속적인 개선과 관련한 최고 기업

이런 면에서 최고의 조직을 모방하면 앞으로 제2의 테플론, 포스트잇, 비아그라가 우리 회사에서 나올지도 모른다.

비록 과학적인 근거는 없지만, 최고 조직의 리더는 해결해야 할 문제나 갈등에 대해 걱정하면서 뜬눈으로 보내야 하는 시간이 적기 때문에 밤에 잠도 잘 잘 것이다. 최고 조직의 직원들은 문제를 해결하는 일이 자신들이 해야 할 일이며, 경영진은 자신들의 의견을 수용하고 혁신적인 기여를 인정해줄 거라는 걸 분명하게 알고 있다.

최고 기업은 혁신의 리더로서 생각하고, 실험하며, 궁극적으로 새롭고 개선된 방법을 실행하여 조직을 개선함으로써 경쟁업체를 끊임없이 '배워서 이기려고' 노력한다. 최고의 조직은 혁신과 문제 해결, 그리고 이런 일을 성취하는 직원에 대한 칭찬을 조직의 중요한 문화로 삼는다.

이런 면에서 최고의 조직을 모방하면 앞으로 제2의 테플론, 포스트잇, 비아그라가 우리 회사에서 나올지도 모른다. 이러한 제품은 모두 지속적인 개선과 혁신을 중요하게 생각하고 인정하는 조직의 사람들이 우연히 개발한 발명품들이었다.

탁월한 성과에 대한 인정과 보상

우리 조직은 모든 직원을 다 소중히 생각할까? 아마도 이런 대답이 머릿속을 스치고 지나갈 것이다. "그래, 우리 직원은 우리 회사의 가장 소중한 자산이지." 이제 스스로에게 물어보자. 우리 조직은 평범하거나 성과가 나쁜 직원들에게도 보상을 하고 있는가? 우리 조직은 단지 근무 연수만을 기준으로 보너스를 지급하고 있는가?

조직을 최고 기업 기준점에 속하는 조직으로 만들고 싶다면 위의 두 질문에 단호하게 '아니다'라고 대답할 수 있어야 한다.

모든 직원이 같은 보상을 받거나 보상이 성과, 결과와 직접적인 관련이 없으면 사기는 떨어질 수밖에 없다. 최고의 조직은 긍정적인 결과를 달성하고 조직의 비전과 가치를 실천한 직원을 높이 평가한다는 걸 분명하게 보여준다.

서비스 기업의 경우 '직원'만이 유일한 자산이다.

문항: **우리 조직은 최우수 직원에게 적절한 보상을 제공하고 있다고 생각한다.**

최고 기업 기준점	73.4%
전체 기업 기준점	55.8%
최고 기업과의 차이	+17.6

표20. 성과 보상과 관련한 최고 기업

최고의 조직은 직원의 훌륭한 성과에 대해 공개적으로 이야기할 기회를 찾는다. 자신도 동료처럼 공개적으로 인정받지 못했다는 이유로 상처받는 사람이 있을까? 있을 것이다. 하지만 최고의 조직은 인정받지 못한 누군가를 화나게 하는 걸 걱정하는 것보다 뛰어난 개인 혹은 팀의 성과를 인정하는 것이 조직에 더 이익이 된다고 생각한다.

문항: **우리 조직에서는 성과가 뛰어난 직원을 공개적으로 알린다.**

최고 기업 기준점	80.2%
전체 기업 기준점	65.4%
최고 기업과의 차이	+14.8

표21. 뛰어난 성과 공표와 관련한 최고 기업

직원들은 우수한 성과를 보인 직원에게 제대로 보상하고 이를 공개적으로 인정하는 조직을 높이 평가한다.

문항: **조직을 위한 나의 노력이 제대로 평가받고 있다고 생각한다.**

최고 기업 기준점	82.3%
전체 기업 기준점	63.3%
최고 기업과의 차이	+19.0

표22-A. 직원 기여 인정과 관련한 최고 기업

문항: **업무를 훌륭히 해냈을 때 나는 그에 걸맞은 인정과 보상을 받는다.**

최고 기업 기준점	86.7%
전체 기업 기준점	70.6%
최고 기업과의 차이	+16.1

표22-B. 직원 기여 인정과 관련한 최고 기업

제대로 평가받고 있다는 느낌은 측정이
불가능하고 설명하기가 어렵다. 자신의 기
여가 제대로 평가받지 못하고 있다고 생각
하는 직원들은 소모재 취급을 당하는 느낌

진정으로 가치를 인정받고 있다고
느끼는 사람은 그 관계를 계속 유지
하고 싶어 한다.

을 갖기 쉽다. 소모재는 일만 완료되면 그 일을 누가 하느냐는 중요하
지 않다.

최고의 조직은 다음과 같이 반드시 필요한 일을 한다. 우수 사원에
게 적절한 보상을 하고 이들의 긍정적인 성과를 공개적으로 발표하는
것이다. 그 결과 직원은 조직에 기여하는 자신만의 '재능'이 제대로 평
가받고 있다는 느낌을 받게 된다. 그리고 진정으로 가치를 인정받고
있다고 느끼는 사람은 그 관계를 계속 유지하고 싶어 한다.

열쇠 7
책임을 중시한다

최고의 조직에서는 성과 관리가 다음과 같은 세 가지 면에서 완전
히 다르게 다루어진다. 첫째, 최고의 조직은 직원에게 기대하는 바를
명확하게 정의하는 데 뛰어나다. 둘째, 최고의 조직은 직원에게 성과
와 관련한 피드백을 주는 데 뛰어나다. 셋째, 최고의 조직은 모든 팀원
이 성과 기준을 달성할 책임을 지도록 하는 데 뛰어나다.

직원은 자신이 달성할 목표가 무엇인지 알아야 한다. 최고의 조직
은 모든 직원에게 업무 책임을 명확하게 정의한다. 직원은 자신이 조
직 내에서 어떠한 책임을 맡고 있는지 분명하게 알아야 하고 또 알기
를 원한다.

최고 기업 기준점	85.1%
전체 기업 기준점	71.7%
최고 기업과의 차이	+13.4

표23. 업무 책임 정의와 관련한 최고 기업

    최고의 조직이 뛰어난 모습을 보이는 관련 부문에는 직원들이 성과 측정 방법을 분명하게 알도록 하는 것이 있다. 많은 직원들은 다음과 같은 두 가지 어려움을 한꺼번에 겪는다. 자신의 업무 책임이 무엇인지 확실하게 알지 못하고 성과 기준도 불분명한 상태 말이다. 이것은 직원의 눈을 가리고 나서 '당나귀 꼬리 붙이기'를 하라고 명령하는 것과 같다. 눈을 가린 채로 목표를 달성하기란 불가능하다.

문항: **나는 우리 조직의 성과 기준/측정에 대해 잘 알고 있다.**

최고 기업 기준점	92.5%
전체 기업 기준점	82.7%
최고 기업과의 차이	+9.8

표24. 성과 기준과 관련한 최고 기업

    직원에게 성과와 관련한 피드백을 제공하는 일은 최고의 조직이 '책임을 중시한다'라는 열쇠에서 우수함을 보인 두 번째 부문이다. 피드백이 유효하려면 사람들이 배우고 성장하고 발전할 수 있도록 도움을 주어야 한다. 최고의 기업은 성과 측정 방법을 결정하고 성과를 달성할 수 있는 방법을 직원들에게 지도하는 면에서도 뛰어났다.

최고 기업 기준점	80.7%
전체 기업 기준점	69.2%
최고 기업과의 차이	+11.5

표25. 성과 평가와 관련한 최고 기업

제시간에 작성된 철저하고 정확하며 성장과 발전의 본보기를 제공하는 직원 평가는 해당 직원에게 관리자가 자신에 대해 신경을 쓰고 있다는 걸 느끼게 한다.

최고의 조직이 성과, 책임 관리라는 목표를 달성하는 데에는 지속적인 피드백도 기여를 한다. '시기적절한' 지속적 피드백은 한두 번에 걸쳐 시행되는 성과 평가에만 의존하지 않는다. 일 년에 고작 한 번 의사소통을 한다면 어떻게 팀워크를 키우고, 문제를 해결하며, 혁신을 장려하고, 직원 성과에 적절히 보상할 수 있겠는가? 직접적이고 지속적인 피드백을 통해 직원과 계속 접촉을 유지하고 그들을 향한 문을 열 수 있다. 그리고 이렇게 되면 성과 문제가 생겨도 이를 즉시 처리할 수 있게 된다.

문항: **나의 상사는 성과와 관련한 양질의 지속적인 피드백을 제공한다.**

최고 기업 기준점	82.7%
전체 기업 기준점	73.0%
최고 기업과의 차이	+9.7

표26. 시기적절한 지속적 피드백과 관련한 최고 기업

물론 직원들이 조직 전체의 책임을 모두 파악하기란 어렵다고 하는 사람도 있지만 대부분의 직원은 자신이 몸담고 있는 부서의 책임은 매우 명확하게 이해한다. 팀에 속한 다른 직원들의 일상 행동을 보면서 직원들은 다른 팀원이 팀 목표를 달성하는 데 책임을 다하고 있는지 알 수 있는 것이다.

최고의 조직 수준으로 올라서려면 다음과 같은 세 가지를 잘해야 한다.

- 명확하게 업무 책임을 정의하고 모든 직원이 이러한 업무 책임을 제대로 이해하도록 한다.
- 직원들이 배우고 성장할 수 있도록 지속적이고 시기적절한 피드백을 제공한다.
- 직원들이 이러한 책임을 이행하도록 책임 소재를 분명히 한다.

열쇠 8
모든 직원이 배우고 성장한다

어떤 관리자가 이런 말을 했었다. "나의 직원들은 성장을 원하지 않기 때문에 난 당신 회사의 인식조사 중 몇몇 문항은 마음에 들지 않는다. 내 직원들은 매일 출근해서 고개를 숙이고 자기 일만 하길 원한다." 이 관리자는 직원 교육을 하면 직원들이 회사를 그만두고 새로 익힌 기술을 갖고 다른 회사로 옮겨가 버리기 때문에 직원 교육을 하고 싶지 않다고도 했다.

만일 이 관리자와 비슷한 생각을 갖고 있는 사람이라면 그 사람 부서의 점수는 최고 기업 기준점에 미치지 못할 가능성이 매우 크다. 배우고 성장하길 원하지 않으며 훈련되지 않은 직원을 부서에 계속 데리고 있으면 이들이 앞으로도 영원히 회사를 떠나지 않는다는 문제가 생긴다. 이런 직원에게는 선택의 여지가 없으며 어떠한 최고의 조직도 이런 사람을 고용하고 싶어 하지 않기 때문이다.

문항: **우리 조직은 직원 훈련 및 교육에 높은 가치를 둔다.**

최고 기업 기준점	81.2%
전체 기업 기준점	69.4%
최고 기업과의 차이	+11.8

표27. 훈련 및 교육과 관련한 최고 기업

앞으로 3년 후에도 직원들이 현재의 조직에 남아있고 싶어 할 이유는 무엇일까? 직원들은 조직이 미래의 발전을 위해 자신들에게 기회를 제공하고 배우고 성장할 수 있도록 교육을 해주길 바랄 가능성이 크다.

문항: **우리 조직에는 발전의 기회가 충분히 있다고 생각한다.**

최고 기업 기준점	78.7%
전체 기업 기준점	66.5%
최고 기업과의 차이	+12.2

표28. 발전 기회와 관련한 최고 기업

최고의 조직은 유용한 훈련 및 교육 기회를 제공함으로써 직원들이 앞으로도 계속 머무르고 싶은 환경을 조성한다. 교육은 부서 내에서 이루어질 수도 있고 회사의 조직개발 전문가들에 의해 공식적으로 이루어질 수도 있다.

문항: **우리 조직의 교육 프로그램이 우수하다고 생각한다.**

최고 기업 기준점	84.1%
전체 기업 기준점	69.4%
최고 기업과의 차이	+14.7

표29. 수준 높은 교육과 관련한 최고 기업

　　최고의 조직에서 일하는 직원은 좋은 교육 프로그램의 혜택을 받을 수 있다. 이것은 교육이 큰 차이를 만든다는 걸 입증하려고 애쓰는 모든 훈련 제공자와 인력개발 전문가들의 노력이 반영된 긍정적인 결과다. 그러나 조직개발 전문가들은 단지 좋은 프로그램이 존재한다는 이유로 안주할 수는 없다. 교육은 직원의 성공과 조직의 성공에 기여해야만 하는 것이다.

문항: **나는 유용한 교육을 받고 있으며 교육은 업무 능력을 향상시키는 데 도움이 된다.**

최고 기업 기준점	86.3%
전체 기업 기준점	73.8%
최고 기업과의 차이	+12.5

표30. 교육 효과와 관련한 최고 기업

자신이 현재 하고 있는 일과 관련하여 양질의 교육을 받았다고 느끼는 사람은 조직이 자신에게 미래의 기회를 제공할 거라 확신하고 현재 몸담고 있는 조직에 계속 머무르고 싶어 할 가능성이 크다. 따라서 다음과 같은 질문을 해봐야 한다. 관리자로서 나는 직원들이 이러한 기회를 활용할 수 있도록 장려하고 있는가 하는 질문 말이다.

딱 맞는 사람을 선별하고, 또 이런 사람을 제대로 훈련시킬 때 조직은 동종업계에서 상당한 경쟁력을 확보할 수 있게 된다.

열쇠 9
문제는⋯⋯ 문제 없어!

전체 기업 기준점에 속하는 조직의 직원 중 73퍼센트가 조직이 자신에게 문제 해결을 바란다고 생각한 반면, 조직이 혁신적인 아이디어를 인정해준다고 응답한 사람은 13퍼센트 포인트 낮은 60퍼센트에 불과했다. 최고 기업 기준점에 속하는 조직은 직원을 인정하고 문제가 생겼을 때 직원들이 문제를 직접 해결하길 바란다는 점을 분명히 한다.

문항: **우리 조직의 직원은 경영진이 직원으로 하여금 직접 문제를 해결하길 바란다고 생각한다.**

최고 기업 기준점	90.1%
전체 기업 기준점	73.3%
최고 기업과의 차이	+16.8

표31. 문제 해결과 관련한 최고 기업

최고 기업들은 또한 조직 내에 발생한 갈등을 신속하게 해결한다는 점에서도 전체 기업 기준점에 속한 기업들보다 뛰어났다. 갈등이 일어나면 사람들은 조직의 임무, 비전, 목표를 달성하는 데 초점을 맞추기보다는 지엽적인 문제에 정신을 빼앗기게 된다.

문항: 우리 조직에서는 갈등이 일어났을 때 이를 신속하게 해결한다.

최고 기업 기준점	77.4%
전체 기업 기준점	64.3%
최고 기업과의 차이	+13.1

표32. 신속한 갈등 해결과 관련한 최고 기업

직원들이 부딪히는 문제가 성과와 무관할 수 있다고 주장하는 사람도 있을 것이다. 이러한 생각이 간과하고 있는 점은 문제를 만들고, 또 해결하는 것이 바로 직원이라는 점이다. 신속하게 개선하지 않은 문제는 계속 남아있게 마련이다. 우리의 경험상 대부분의 사람들은 문제를 신속하게 파악할 능력을 갖고 있다. 최고의 조직을 그렇게 다른 존재로 만드는 것은 이들이 문제를 신속하게 파악할 뿐만 아니라 문제 해결에도 상당히 뛰어나다는 데 있다.

문항: 우리 조직에서는 초기 단계에서 문제가 파악, 처리된다.

최고 기업 기준점	75.8%
전체 기업 기준점	60.3%
최고 기업과의 차이	+15.5

표33. 문제 파악과 관련한 최고 기업

중요한 것은 고객이다

훌륭한 고객 서비스가 정말로 찾기 힘들다는 데에는 모두들 쉽게 동의할 것이다.

샌디에이고 주립 대학의 확대 연구 프로그램에서 우리는 수백 명의 학생들에게 다음과 같은 과제를 냈다. 2주일 동안 자주 가는 10군데의 사업장에 가서 손님으로 가장한 후 자신이 받은 서비스 수준을 훌륭함, 좋음, 나쁘지 않음, 불량함이란 네 등급으로 평가하라는 과제였다. 결과는 항상 같았다. 평균적으로 '훌륭함'이란 서비스 등급을 받은 사업장은 대략 전체의 20 퍼센트였다.

> 훌륭한 고객 서비스가 정말로 찾기 힘들다는 데에는 모두들 쉽게 동의할 것이다.

거의 모든 직원은 자신의 조직이 고객 서비스의 가치를 높이 평가한다고 말한다. 중요한 점은 최고 기업에서 일하는 사람들의 94퍼센트가 자신의 조직이 고객의 기대를 넘어서는 데 높은 가치를 두고 있다고 말한다는 것이다.

문항: **우리 조직은 고객의 기대를 넘어서는 데 높은 가치를 둔다.**

최고 기업 기준점	93.7%
전체 기업 기준점	83.3%
최고 기업과의 차이	+10.4

표34. 고객 서비스 가치와 관련한 최고 기업

최고 기업 기준점과 전체 기업 기준점에 속한 직원 모두가 자신의 조직이 고객 서비스에 높은 가치를 두고 있다고 했지만, 최고 기업들은 직원들이 이러한 목표를 달성할 수 있도록 경영진에서 지원을 제공한다는 점에서 눈에 띄게 뛰어났다.

문항: 우리 조직의 직원은 고객의 요청에 대한 답변을 얻기 위해 자유롭게 윗선과 의사소통을 할 수 있다.

최고 기업 기준점	86.9%
전체 기업 기준점	72.9%
최고 기업과의 차이	+14.0

표35. 주도적인 고객 서비스와 관련한 최고 기업

최고의 기업은 조직에 있는 모든 사람이 고객에게 직접 서비스를 제공하거나 고객 서비스를 제공하는 사람들에게 직접적인 지원을 제공한다는 걸 잘 알고 있다. 경영진이 직원에게 지원을 제공하겠다는 강한 의지가 있으면 고객이 거래하고 싶은 환경을 만드는 일은 어렵지 않다.

말도 안 되는 정책이나 절차, 시스템으로 인한 엉망진창의 고객 서비스를 받아본 적이 있는가? 보이 스카우트나 걸 스카우트 행사 때문에 시립 공원을 예약하고자 하는 샌디에이고 주민은 교통이 붐비고 주차할 곳도 마땅치 않은 샌디에이고 시내로 차를 직접 몰고 가서 신청서를 제출해야 한다. 우편이나 택배, 이메일로는 신청이 불가능하다. 그러나 샌디에이고 외곽에 사는 사람은 우편으로 신청서를 제출할 수 있다. 무슨 차이가 있을까? 시립 공원 직원도 그 차이를 알지 못

한다. 다만 규칙만 알고 있을 뿐이다.[2]

위의 예는 고객이 불만을 표출할 수밖에 없는 정책, 절차, 시스템을 매우 잘 보여주는 예이다. 이러한 유형의 정책은 최고 기업 기준점에 속하는 조직에서는 채택될 리가 없는 정책이다.

문항: **우리 조직의 정책, 절차, 시스템은 수준 높은 고객 서비스를 제공하는 데 도움이 된다.**

최고 기업 기준점	89.0%
전체 기업 기준점	75.3%
최고 기업과의 차이	+13.7

표36. 고객 서비스 시스템과 관련한 최고 기업

최고의 조직은 고객이 기업의 서비스를 경험하고, 훌륭한 서비스에 감사하는 마음을 가지며, 다른 고객에게 기업을 다섯 번 이상 추천한 적이 있는 단골 고객이 되려면 적절한 정책과 절차, 시스템, 환경이 필요하다는 것을 잘 알고 있다.

또한 최고의 조직은 직원에게 일을 처리하는 데 필요한 적절한 지원을 마련하는 데에도 상당히 뛰어나다.

문항: **나는 일을 제대로 처리하는 데 필요한 도구와 장비를 갖고 있다.**

최고 기업 기준점	90.2%
전체 기업 기준점	78.0%
최고 기업과의 차이	+12.2

표37. 고객 서비스 지원 도구와 관련한 최고 기업

최고의 조직은 직원이 고객의 기대를 넘어설 수 있게 지원하는 업무 환경을 조성하는 데 뛰어나다.

문항: 내 분야의 업무 환경은 최고의 고객 서비스를 제공하는 데 도움이 된다.

최고 기업 기준점	90.2%
전체 기업 기준점	80.0%
최고 기업과의 차이	+10.2

표38. 고객 서비스에 도움이 되는 환경 조성과 관련한 최고 기업

전체 기업 기준점에 속하는 직원의 80퍼센트 이상이 자신의 조직이 고객 서비스에 높은 가치를 둔다고 답한 건 놀라운 일이 아니다. 직원 인식조사를 실시할 만큼 직원과 고객에 신경을 쓰는 회사는 시장의 평균적인 경쟁업체와 비교했을 때 아마도 고객에게 정말로 양질의 서비스를 제공할 가능성이 크다. 또한 독점업체가 아니고서는 고객의 지속적인 만족 없이 오래도록 사업을 유지하기 어렵다.

최고의 기업은 고객 서비스 지원 제공 부문에서도 10퍼센트 포인트의 차이로 상당한 경쟁력을 보였다. 최고의 기업은 직원 지원을 통해 직원이 고객에게 양질의 서비스를 제공할 수 있게 한다.

원활한 의사소통과 튼튼한 지원이라는 기반이 있으면 적절한 정책과 절차, 시스템, 도구, 장비 역시 확립될 수 있다. 그 결과 직원이 탁월한 수준의 서비스를 제공할 수 있는 환경이 만들어진다.

고객이 최고의 조직과 거래하고 싶지 않을 이유가 있을까?

무언가가 빠졌다 - 돈 문제는요?

고객과 위의 10가지 열쇠에 대해 이야기를 나누다 보면 늘 이런 질문이 나온다. "돈은요? 최고의 조직과 그렇지 못한 조직 간에 월급이나 연봉이 중요한 차이점 아닌가요?" 약간은 그렇다고 할 수 있지만 대개는 아니다.

"동종업계 기업의 비슷한 직위와 비교했을 때 나는 꽤 좋은 대우를 받고 있다"라는 문항과 관련하여 최고의 기업(67.9퍼센트)과 전체 기업 기준점에 속하는 기업(62.0퍼센트) 간에는 5.9퍼센트 포인트 밖에 차이가 나지 않았다.

6퍼센트 포인트 차이는 그다지 의미 있는 차이가 아니다. 특히 '탁월한 조직을 만드는 10가지 열쇠' 문항에 대한 직원들의 답변을 살펴보면 말이다.

최고의 조직과 전체 기업 기준점에 속한 조직 간에 임금 차이가 훨씬 클 거라 생각했는가? 큰 차이가 없을 뿐만 아니라 지난 3년 동안 이 둘 사이의 차이는 계속 감소해왔다. 이유는 간단하다. 직원을 고용하고 유지하려면 평범한 기업이나 최고의 기업이나 똑같이 다른 회사와 비교했을 때 경쟁력 있는 임금 수준을 유지해야 하기 때문이다. 대부분의 직원은 현재 임금보다 낮은 임금을 받으면서 새로운 회사로 옮겨가지 않는다. 모든 기업은 돈은 상관없이 그저 아무 일이나 기꺼이 하려는 실업자를 선택할 생각이 아닌 이상 임금 경쟁력을 유지해야 한다.

회사를 그만두는 직원이 생길 때마다 관리자는 대개 이렇게 말한다. "저 직원은 엄청난 돈을 받고 회사를 옮기는 거다. 그만한 돈을 줘서 저 직원을 붙잡을 방법이 없다." 앞 장에서 언급한 바와 같이, 어떤 직원이 회사를 그만두면서 받는 평균적인 연봉 인상폭은 대략 6퍼센트에 불과하고, 직원이 회사를 그만두는 이유는 일이 싫거나 상사와의 관계가 마음에 들지 않아서이다. 자신의 일을 좋아하고 상사와 강하고 효율적인 관계를 맺고 있다면 단순히 6퍼센트의 임금 인상으로는 다른 회사로 이직하지 않을 것이다.

돈은 두 가지 이유에서 회사를 그만두는 구실로 쓰인다. 첫째, 직원들은 자신에게 추천서를 써줄 관리자에게 그들이 별로였다는 말을 절대 하려고 하지 않는다. 둘째, 직원이 돈 때문에 회사를 그만두는 것이라면 상사는 회사를 떠나는 직원에 대해 아무런 책임을 지지 않아도 된다. 즉 상사는 회사가 임금을 올려주지 않는 이상 좋은 직원을 잃어도 할 수 있는 게 아무것도 없게 되는 것이다.

차이를 만들어낼 때

누구나 최고의 기업과 똑같이 할 수 있다. 탁월한 조직을 만드는 10가지 열쇠를 활용하는 것이다. 분명하고 확실한 목표를 설정함으로써 실현 가능하고, 설득력 있으며, 긍정적인 비전을 세우는 것부터 시작하자. 그리고 직원과의 의사소통이 늘어날수록 더 좋다는 마음가짐을 지속적으로 갖고, 의사소통 내용을 잘 받아들이며 기업 비전을 실현하고자 하는 사람들을 고용하고 교육시키자. 또한 부서 내에서도, 다른 부서와의 관계에서도 팀워크를 높이도록 하자.

제품, 서비스, 조직을 발전시키기 위해 직원을 격려하고 자극해라. 또 직원의 책임을 분명히 하고 지속적으로 그들의 훌륭한 성과를 인정해라. 업무를 훌륭히 처리하는 데 필요한 교육과 기회 및 고객이 만족할 수 있는 고객 서비스를 제공하는 데 필요한 모든 자원을 직원에게 제공해라.

가장 명심해야 할 점은 이 모든 것들이 자신의 리더십을 사용하여 위의 열쇠를 실천하는 관리자에게 달렸다는 것이다.

67

THE ONLY LEADERSHIP BOOK YOU'LL EVER NEED

2부

따르는 사람이 있어야 리더가 될 수 있다

3장
차이를 만들어내는 리더가 되라

우리는 최신 경영학 '유행'에 쉽게 흥미를 느낀다. 사람들은 품질분임조Quality Circles, 전담 경영품질TQM, 현장경영Management by Walking Around, 패러다임 변화, 스코어카드, 계기판, 고슴도치Hedgehog 전략, 식스시그마 블랙벨트Black Belt, 린 생산방식Lean Manufacturing, 성공을 위한 올바른 습관, 여섯 색깔 모자 등의 개념을 지켜봐왔다.

이러한 경영 원칙 모두 어느 정도 유용하다. 그렇다고 해도 훌륭한 리더가 되기 위해 반드시 최신 트렌드를 따라야 할 필요는 없다. 그동안 수백 개의 조직과 수천 명의 관리자들을 접하면서 우리는 어려움에 처하는 관리자들과 충실한 부하 직원들을 갖고 있는 관리자들 사이에 비슷한 점이 있다는 걸 깨닫게 되었다.

벤치마크 결과 및 우리가 여러 조직의 리더와 일하며 알게 된 것에 기초한 이런 깨달음은 많은 의미를 담고 있지만 이해하기가 어렵지는 않다. 또한 이런 깨달음은 바로 이런 리더 밑에서 일하는 직원과의 교류를 통해서도 알게 된 것이기 때문에 더욱 중요한 의미를 지닌다.

위의 목록을 읽으며 이런 생각이 들었을지도 모른다. '어렵고 새로운 게 아니잖아'라는 생각 말이다. 우리도 수긍한다. 그러나 그렇게 간단하고 쉬운 일이라면 왜 관리자는 탁월한 조직을 만드는 10가지 열쇠를 실천하여 자신의 리더십 능력을 높이고 훌륭한 업무 환경을 만들지 않는 걸까?

변명은 비겁하다

직원 인식조사 결과를 검토하면서 이런 질문을 하는 CEO나 고위급 간부가 많다. "우리 회사에서 일하는 사람 중에 정말로 만족하는 사람이 이렇게 많은데 최하위 3개 부서에서 일하는 직원들은 왜 이렇게 불만족 지수가 높은 겁니까? 데이터를 보면 사람들이 완전히 다른 회사에서 일하고 있는 것처럼 보입니다. 어떻게 이럴 수가 있죠?"

답은 이렇다. 직원이 조직에 대해 느끼는 감정은 리더의 자질과 직접적인 연관이 있기 때문이다.

조직 문화는 쉽게 변하지 않는다. 관리자나 직원 모두 조직의 환경에 익숙해져 있고 '여기에서는 항상 그런 식으로 하지'란 생각을 하기 쉽다. 우리가 인터뷰한 관리자 중 성과가 좋지 못한 관리자들에게는 다들 비슷한 이유가 있었다. 그 이유는 다음과 같다.

- 원래 이사회나 CEO, 고위급 간부는 이런 식으로 일을 처리한다. 그리고 이건 절대 바뀌지 않을 것이다.
- 우리 회사의 임금은 충분히 높지 않다. 게다가 나는 인력개발부(HR)나 고위급 경영진으로부터 직원 임금을 인상할 아무런 지원도 받지 못

하고 있다.

- 관리자들에 대한 인력개발부의 지원이 없기 때문에 성과 문제는 절대 해결되지 않을 것이다.
- 이 회사에는 마치 신성한 존재라도 되는 것처럼 절대적인 보호를 받고 있는 사람들이 너무 많다.
- 우리 회사 사람들은 우리 부서가 '무엇을 하는 곳'인지 제대로 이해하지 못하고 있다.
- 이 업계 혹은 이 자리는 원래 이직률이 높다.
- 직원들은 현실을 제대로 파악하지 못하고 있다.
- 직원들은 절대 만족할 줄 모른다.
- 성과가 좋지 못한 이유는 상급관리자 혹은 다른 관리자 때문이지 나 때문이 아니다.
- 난 '감정에 치우친' 조직을 만들 생각이 없다.
- 직원들이 인식조사를 할 때 문항을 제대로 이해하지 못했다.

관리자가 직원들의 업무 환경에 긍정적인 영향을 미칠 수 있다고 생각하든 없다고 생각하든, 이것 한 가지는 명심해야 한다. 직원들이 옳다는 것이다!

관리자가 직원들의 업무 환경에 긍정적인 영향을 미칠 수 있다고 생각하든 없다고 생각하든, 이것 한 가지는 명심해야 한다. 그들이 옳다는 것이다!

자신이 탁월한 조직을 창조할 수 있다고 생각하는 관리자는 6장에 나올 67가지 기술들을 활용할 것이다. 또 자신이 할 수 있는 일이 별로 없다고 생각하는 관리자는 아무것도 하지 않으면서 자신의 부정적인 생각을 더 강화하기만 할 것이다. 조직의 누군가가 어떤 생각을 하든, 우리의 연구는 위와 같은 일이 실제로 일어난다는 걸 분명하게 입증한다.

관리자 한 사람이 차이를 만들어낼 수 있다. 업무 환경을 바꾸고 싶다면 먼저 자신의 경영관리 방식부터 바꿔라.

긍정적이고 설득력 강한 미래 비전을 세워라

우리는 모든 리더에게 자신의 개인적 비전이 무엇인지, 그리고 그 비전이 조직에 미치는 영향이 무엇인지 대해 생각해보라고 한다.

'비전'은 유행이 아니다. 비전이 여기에서도 맨 처음으로 등장하고 탁월한 조직을 만드는 10가지 열쇠에서도 첫 번째를 차지하고 있는 데에는 다 이유가 있다. 설득력 강한 비전과 분명한 목표는 최고 조직의 근간이다. 모든 리더는 나름의 비전을 갖고 있다. 다음에 나오는 여러 유형의 비전 중 당신의 생각과 일치하는 것은 무엇인가?

첫 번째 비전 유형은 긍정적 희망적인 비전이다. "오늘도 훌륭한 날이지만 내일은 훨씬 더 훌륭한 날이 기다리고 있을 거야." 긍정적인 비전을 지닌 리더는 부서의 생산성을 높이고 업무 환경을 개선하기 위해 필요한 조치를 취한다.

두 번째 비전 유형은 소위 현상유지 비전이다. "오늘 괜찮으니 내일도 괜찮길 바라자." 이런 관리자는 현재 상황을 유지하려고 한다. 현상유지 비전을 지닌 관리자의 궁극적인 목표는 상황이 나빠지지 않게 막는 것이다.

세 번째 비전 유형은 부정적인 비전이다. "오늘이 별로라고 생각하면 그냥 내일까지 기다리자. 상황은 더 나빠질 거야!" 이런 관리자는 대개 아무런 조치도 취하지 않는다. 그리고 상황은 점점 더 악화된다.

오직 긍정적인 비전만이 자신감을 불어넣을 수 있다. 자신이 무엇을 의미하는지, 어디로 향해 갈 것인지, 누가 자신의 기대를 직원에게 전달할 것인지에 대한 개념이 분명하게 서 있는 리더는 다른 사람에게 자신감을 불어넣을 뿐만 아니라 사람들도 그런 리더를 쉽게 따른다. 이런 리더 밑에서 일하는 직원은 리더의 가치관을 제대로 이해하며 특정 상황에 리더가 어떻게 반응할지 예측한다. 리더가 '할 수 있다'는 긍정적인 태도의 역할 모델이 되지 못하면 높은 수준의 사기와 생산성을 유지하기란 불가능하다.

역사상 가장 위대한 선각자 중 한 사람은 처음에 일곱 번이나 사업에 실패한 사람이었다. 그는 파산도 두 차례나 하고 정신병원에도 두 번이나 들어간 적이 있었다. 창의력이 떨어진다는 이유로 신문 편집장에게 해고당한 그는 자신의 가장 유명한 아이디어를 실현할 돈을 마련하는 데 어려움을 겪었다. 그의 이름은 월트 디즈니다. 많은 사람들이 실패를 예상했음에도 불구하고 그는 1955년 캘리포니아 애너하임에 디즈니랜드를 개장했다.

9년 후 그는 두 번째 테마파크를 만들기 위해 플로리다 올랜도의 토지를 사들이기 시작했다. 불행히도 월트 디즈니는 올랜도 디즈니랜드가 만들어질 때까지 살지 못했다. 디즈니랜드 관광을 하며 나는 젊은 여행 가이드에게 다음과 같은 질문을 했다. "디즈니월드가 완공되는 걸 월트 디즈니가 봤다면 좋지 않았을까요?" 그 젊은이는 이렇게 대답했다. "손님, 여기 디즈니월드에서는 월트 디즈니가 정말로 디즈니월드의 완공을 지켜봤다고 생각한답니다."

얼마나 맞는 말인가. 월트 디즈니는 누구보다도 먼저 완공된 디즈니월드의 모습을 보았고 일생을 바쳐 자신의 비전을 다른 사람들과 공유하고자 했다. 누구나 조직의 비전을 창조하고 분명히 하여 다른 사람들과 공유함으로써 월트 디즈니와 같은 일을 할 수 있다.

모든 직원에게 달성해야 할 높은 성과를 분명하게 정해주어라

그저 그런 목표를 달성하려고 하면 아무런 자극도 생기지 않는다. 직원 인식조사 점수가 높은 부서의 리더를 따로 추려서 점수가 나쁜 부서의 리더와 비교해보면 직원의 성과관리 분야에서 가장 극명한 차이가 난다.

관리자가 성과 목표를 정하고 이를 모든 직원에게 전달하느냐는 질문에서 점수가 높은 리더는 그렇지 못한 리더에 비해 32퍼센트 포인트나 높은 점수를 받았다.

좋은 성과를 칭찬하고 나쁜 성과를 지적하라

점수가 높은 부서와 낮은 부서의 관리자 간에 그 다음으로 극명하게 나타난 차이점은 칭찬이었다. "나의 관리자는 긍정적인 성과를 적절한 방식으로 칭찬한다"는 문항에서도 점수가 높은 부서 직원에게서는 긍정적인 답변이 그렇지 못한 부서의 직원에 비해 약 28퍼센트 포인트 더 많이 나왔다. 훌륭한 리더는 직원이 업무를 잘 처리했을 때 반드시 이를 칭찬한다.

점수가 높은 부서와 그렇지 못한 부서의 관리자를 인터뷰하면서 우리는 점수가 높은 부서 관리자의 업무 방식이 다르다는 걸 알게 되었다.

첫째, 이들은 직원의 긍정적인 성과에 대해 알자마자 즉시 이를 칭찬한다. 오래 시간을 끌면 끌수록 칭찬의 의미는 퇴색된다. 결국 칭찬이 지체되면 사실상 사기가 저하되는 직원도 생기게 된다.

둘째, 점수가 높은 관리자는 직원에 따라 서로 다른 최적의 방식으로 직원을 칭찬하는 경향이 있다. 일대일로 만나서 칭찬을 하는 게 가장 효율적인 직원도 있고, 팀 전체에 보내는 이메일이나 뉴스레터에 칭찬을 하는 게 효과적인 직원도 있다. 또 팀 회의에서 칭찬을 하는 게 가장 효과적인 직원도 있다.

셋째, 점수가 높은 리더는 팀의 다른 직원이나 관리자도 일을 훌륭히 해낸 동료를 칭찬하게 한다. 이렇게 칭찬은 팀 문화의 일부가 되고 단순히 한 관리자에게만 국한되지 않는다.

다음과 같은 바바라 월터스의 말은 명심할 만하다. "다른 사람들이 나의 가치를 인정해주고 있다는 느낌과 가끔씩이나마 내가 일을 잘 해내고 있다는 걸 깨닫게 되는 건 정말 경이로운 감정이다."

성과 문제도 지적을 해야 하지만 방법은 달라야 한다. 점수가 높은 부서의 관리자는 훌륭한 성과를 칭찬할 때와 마찬가지로 목표를 달성하지 못한 경우를 지적할 때에도 눈에 띄게 뛰어났다. "나의 관리자는 성과 문제가 생기면 이를 초기에 파악, 처리한다"는 문항을 직원에게 물었을 때 점수가 높은 부서의 관리자는 그렇지 못한 부서의 관리자에 비해 호의적인 답변이 대략 40퍼센트 포인트 더 높게 나왔다.

점수가 높은 부서의 리더는 성과 문제가 생겼을 때 막연히 나아질 거라는 희망을 품거나 해당 직원에게 넌지시 알려주는 식으로 문제를 해결하지 않는다. 이들은 다음과 같은 적극적인 방식을 사용하여 성과가 나쁜 직원이 의미 있는 결과를 산출해내도록 한다. 즉 성과가 나쁜 직원이 스스로 문제를 해결하거나 조직을 떠나도록 하는 것이다. 부서의 다른 직원에게 이런 조치는 매우 중요하다.

> 점수가 높은 리더는 성과 문제가 생겼을 때 막연히 나아질 거라는 희망을 품거나 해당 직원에게 넌지시 알려주는 식으로 문제를 해결하지 않는다.

점수가 높은 부서의 관리자는 지속적인 직원 성과 피드백을 제공하는 면에서도 약 24퍼센트 포인트 더 높은 점수를 받았다. 점수가 낮은 관리자는 어떤 변명을 할까? 이들은 고객과 직원이 저지른 불을 끄느라 너무 바쁘고, 단지 '시간이 없어서' 훌륭한 성과를 칭찬하고 신속하게 성과 문제를 해결할 수 없다고 한다.

효율적인 리더는 높은 성과 목표를 달성한 직원을 칭찬하고 효과적으로 성과 문제를 해결하는 게 자신이 해야 할 중요한 일이라는 걸 잘 알고 있다.

정말로 마음을 쓰고 있다면 과하다 싶을 정도로 의사소통해라

탁월한 조직을 만드는 10가지 열쇠에서 보았듯이 최고 기업 기준점에 속하는 조직이 되려면 의사소통이 매우 중요하다. 그러나 여기에서도 점수가 높은 부서의 관리자와 그렇지 못한 부서의 관리자를 비교했을 때 확연한 차이점이 드러났다.

점수가 높은 부서의 관리자는 조직과 관련한 정보를 직원에게 전달하는 방법을 잘 알고 있다. 이 부문에서도 점수가 높은 관리자와 그렇지 못한 관리자를 비교했을 때 30퍼센트 포인트라는 상당한 차이가 나타났다. 이들은 특히 조직의 계획이 직원, 업무, 부서에 어떠한 영향을 미칠 것인지를 직원에게 잘 전달했다. 점수가 높은 부서를 이끄는 관리자는 직원과 의사소통을 하면 직원에게 자신이 그들에 대해 정말로 마음을 쓰고 있다는 걸 간접적으로 알리는 셈이 된다는 걸 잘 알고 있다.

오늘날의 첨단 사회에서 직원에게 다가가거나 직원과 지속적인 교류를 하는 일은 어렵지 않다. 그러나 점수가 좋지 못한 부서의 관리자는 여러 가지 이유에서 직원과의 교류에 어려움을 겪는다. 인식조사에서 직원에게 다음과 같은 문항을 물어보았다. "나의 관리자는 필요할 때 쉽게 만날 수 있다(예를 들면 직접 혹은 전화, 이메일, 보이스 메일 등을 통해)." 점수가 높은 부서의 리더가 받은 긍정적인 답변은 26퍼센트 포인트 더 많았다.

기준점 데이터를 보면 관리자가 직원의 의견에 귀를 기울이고 그에 따라 행동할 때 직원은 자신의 가치를 인정받고 있다는 느낌을 얻게 된다는 걸 알 수 있다. 실제로 점수가 높은 부서의 관리자는 "나의 관리자는 내가 책임지고 있는 분야와 관련된 일에 대해 나의 의견을 듣고자 한다"는 문항에서 약 23퍼센트 포인트 더 긍정적인 답변이 높았다. 점수가 높은 부서의 관리자는 직원과 적극적으로 교류하고 해당 직원이 하는 일과 관계가 있는 모든 일에 직원의 의견을 묻는 것이 중요하다는 걸 잘 알고 있는 것이다.

실수를 인정해라

물론 이건 쉽게 할 수 있는 일처럼 느껴질 것이다. 그러나 우리의 경험상 불편해하지 않고 자신의 실수를 인정하는 관리자는 대략 절반 밖에 되지 않는다. 나머지 절반은 대개 자신이 조절할 수 없는 무언가 때문에 그럴 수밖에 없었다고 변명한다.

또한 자신의 리더십에 대한 확신을 가진 리더만이 편안하게 실수를 인정한다. 직원에게 "나의 관리자는 실수를 저질렀을 때 이를 인정한다"라는 문항에 대해 답변을 하라고 했을 때 점수가 높은 부서의 관리자는 그렇지 못한 관리자에 비해 긍정적인 답변이 26퍼센트 포인트 더 많았다.

그냥 말해라. "제 잘못입니다. 미안해요. 모두가 힘을 합쳐 이 문제를 해결할 수 있다면 정말 감사하겠습니다." 대개의 경우 "내 잘못입니다"라고 말할 때 사람들은 이를 용서하고 상황을 해결하려고 한다.

그 누구보다 열심히 일해라

지금 우리가 이야기하고자 하는 건 일에 얼마만큼의 시간을 쏟느냐의 이야기가 아니라 팀과 조직에 얼마만큼의 가치를 기여하느냐의 이야기다. '남보다 열심히 일하는 것'은 설득력 있는 긍정적 비전을 제시하고, 아무도 해결하지 못한 품질, 서비스 문제를 해결하며, 다루기 힘든 직원이나 고객을 상대하고, 직원이 즐거운 마음으로 출근하는 환경을 조성함으로써 가치를 더하는 것을 의미한다.

기준점 데이터에서 알 수 있는 사실이 또 하나 있다. 점수가 높은

부서 관리자는 좋은 업무 습관을 지니고
있으며 직원도 이를 잘 알고 있다는 사실
이다. 점수가 높은 부서의 관리자는 "나의
관리자는 모범적인 업무 습관을 갖고 있다"라는 문항에서 32퍼센트
포인트 더 긍정적인 답변을 얻었다.

상사의 업무 습관이 모범이 된다고 생각하지 않을 때 직원의 사기
는 저하될 것이고 결국 상사는 직원에게 최고의 성과를 요구하거나
그들의 성과를 관리하기가 어려워질 것이다.

직원들과 신뢰를 구축해라

사람들은 믿을 수 없는 사람은 따르지 않는다. 직원이 확신을 갖고
상사를 따를 수 있는 관계는 신뢰에 의해 형성된다. 목표가 분명할 때
최고의 관리자는 자신의 직원이 일을 잘 해낼 거라 믿는다. "나는 나
의 관리자를 믿는다"라는 기준점 문항과 관련한 답변에서 최고의 관
리자는 점수가 좋지 못한 부서의 관리자보다 긍정적인 답변이 30퍼센
트 포인트나 더 나왔다. 점수가 상당히 높게 나온 부서의 관리자는 강
한 신뢰가 중요하다는 걸 잘 알고 있는 것이다.

최고의 조직은 우리에게 경영진과 직원 간에 신뢰를 구축하는 것
과 관련하여 다음과 같은 여섯 가지 중요한 교훈을 가르쳐준다.

신뢰구축 방법 1
조직의 핵심 가치를 명확히 하고 이를 분명하게 전달해라
내가 몸담고 있는 조직의 리더는 무엇을 가치 있게 여긴다고 말하

는가? 우리와 일한 리더들은 윤리적인 의사 결정, 자유롭고 솔직하며 분명하고 직접적인 의사소통, 팀워크, 성과, 최고 성과의 직원, 고객 만족, 혁신, 일과 사생활의 균형 등을 꼽았다. 중요한 것은 리더가 조직에서 의사 결정과 매일의 업무를 진행하는 데 영향을 미치는 조직의 핵심 가치에 대해 모든 직원이 분명하게 알 수 있게 하는 것이다.

신뢰구축 방법 2
일관성을 유지해라

리더가 비전과 핵심 가치를 분명하게 제시할 때 일관적인 결정을 하는 것도 쉬워진다. 이런 회사에서는 윤리적인 의사 결정, 성과, 고객 만족을 매우 중요하게 생각한다.

최근 나는 직원 참여와 탁월한 직장에 관한 기조연설을 할 일이 있었다. 연설이 끝나고 어떤 CEO가 다가와 이렇게 말했다. "지금 사정상 회사에서 내보내야 할 부사장이 있습니다. 코치로 와주셔서 제가 부사장을 떠나 보내기는 하지만 그와의 관계를 유지하기 위해 제가 할 수 있는 모든 일을 했다는 걸 알려주세요." 필자는 쉽게 다음과 같은 답변을 할 수 있었다. "제가 고객님의 조직에 맞는 좋은 코치가 될 수 있을 것 같지 않습니다." 이 상황에서 그 CEO가 할 수 있는 솔직하고 윤리적이며 사려 깊은 행동은 부사장을 불러 그를 내보내는 일이었다. 우리는 고객 만족을 중시하지만 그보다 훨씬 중요하게 생각하는 것은 윤리적인 업무 방식이다.

또 우리 고객 중 한 사람이 직원을 존중하지 않는다는 이유로 성과가 좋은 관리자를 해고한 경우도 있었다. 결정이 어렵지 않았냐고 묻자 그 CEO는 이렇게 대답했다. "우리는 강한 가치관을 갖고 있기 때문에 이 결정은 정말로 쉬운 결정이었습니다. 어려운 일은 실제로 그 관리자를 만나 해고하는 일뿐이었습니다."

신뢰구축 방법 3
자신이 한 말을 지켜라

신뢰는 뭔가를 하겠다고 했으면 설령 이제는 하고 싶은 마음이 들지 않더라도 자신이 한 말대로 하는 것에서 시작된다. 어려운 점은 직원의 신뢰가 리더의 결정과 행동에 따라 매일 변한다는 점이다.

최고의 조직은 뭔가를 하겠다고 했을 때 이를 훨씬 더 잘 이행한다. 약속을 철저하게 이행하는 것과 관련하여 최고 기업 기준점은 전체 기업 기준점에 비해 16.2퍼센트 포인트 더 높았다.

신뢰구축 방법 4
자유롭고 솔직한 의사소통이 이루어지도록 해라

비전, 가치, 전략적 목표와 관련한 관리자의 의사소통은 신뢰를 구축하는 데 필수적이다. 성과와 관련한 솔직하고 직접적인 의사소통 역시 신뢰를 기반으로 한 관계를 구성한다. 회사가 직원에게 자유롭고 솔직하냐는 질문에서 최고 기업 기준점은 전체 기업 기준점을 15.1퍼센트 포인트 앞섰다.

신뢰구축 방법 5
직원의 업무에 영향을 미치는 결정은 해당 직원과 함께 내려라

자신의 업무를 개선할 방법을 가장 잘 아는 사람은 그 일을 하는 직원이기 때문에 위의 말은 당연한 것처럼 들린다. 그러나 우리가 함께 일한 관리자 중에는 다음과 같이 말하는 사람들이 있다. "직원들은 너무나 현실 감각이 없기 때문에 조직이 성공하려면 어떤 변화가 필요한지도 모릅니다."

적극적으로 참여하려는 강한 의지를 지닌 직원과 함께 일하는 것이 목표라면 직원 업무에 영향을 미치는 결정은 직원과 함께 내리는 게 좋다. 정말로 해당 업무를 할 자질을 갖추지 못한 직원이라면 코칭하고, 상담하고, 훈련시켜라. 이런 것들이 모두 효과가 없는 직원이라면 경쟁업체로 가도록 내버려두는 게 좋다.

신뢰구축 방법 6
직원을 믿어라

리더가 직원과 신뢰를 쌓는 가장 빠른 방법은 직원을 믿는 것이다. 따라서 직원에게 결정을 내릴 수 있는 권한을 부여하고 그들의 책임을 늘리는 게 좋다. 결정을 내릴 수 있는 권한이 주어지거나 큰 책임을 떠맡았을 때 대부분의 직원은 리더가 자신에게 갖고 있는 신뢰를 저버리지 않도록 최선을 다하게 된다. 그리고 자신이 신뢰받고 있다는 것을 아는 직원은 훨씬 쉽게 경영진을 믿는다.

존중과 신뢰는 많은 공통점이 있다. 아마도 관리자가 이런 말을 하는 걸 들어본 적이 있을 것이다. "이 일에 관해서는 나를 믿어야 합니다." 이 말에는 문제가 있다. 아무도 신뢰나 존경을 요구하거나 억지로 얻으려 할 수 없다. 높은 점수를 받은 부서의 관리자는 직원에게 분명한 목표를 제시하고 직원과 자주 긍정적이고 지속적인 쌍방향 의사소통을 하면 직원에게 존중받고 있다는 느낌을 줄 수 있다는 걸 잘 알고 있다.

"나의 관리자는 나를 존중한다"라는 문항에서 높은 점수를 받은 부서의 관리자는 점수가 낮은 부서의 관리자와 비교했을 때 긍정적인 답변이 22퍼센트 포인트 더 많았다. 점수가 높은 부서를 이끄는 관리자는 존중을 하는 만큼 존중받는 훌륭한 리더가 될 수 있다는 걸 잘 알고 있는 것이다.

결과는 값을 매길 수 없다

높은 점수를 받은 관리자와 낮은 점수를 받은 관리자의 접근방식을 비교해보면 어째서 어떤 직원은 그렇게 행복한데 다른 직원은 그렇지 못한지 알 수 있다. 탁월한 조직 환경의 결과는 값을 매길 수 없다. 높은 점수를 받은 부서의 직원은 관리자와 관계가 좋고, 신뢰 수준도 높으며, 자신들이 존중받고 있다는 느낌을 갖고 있다.

인생에서 약 9만 5000시간을 직장에서 보내기 때문에 상사와의 업무 관계가 좋으면 당연히 자신의 일을 훨씬 더 쉽게 좋아할 수 있다. "나는 관리자와 좋은 업무 관계를 맺고 있다"라는 문항에서 높은 점수를 받은 부서의 관리자는 낮은 점수를 받은 관리자에 비해 35퍼센트 포인트 더 좋은 점수를 받았다.

리더십이 차이를 만든다

그렇게 간단할까? 그렇다. 훌륭한 리더는 직원이 직장을 선택할 수 있다는 걸 잘 알고 있다. 이번 장에서 알게 된 것들을 사용하면 누구나 우수한 직원이 일하러 오고 싶은 곳, 고객이 거래하고 싶은 곳을 만들 수 있다. 새롭고 신기한 얘기는 아니지만 분명 이 방법은 효과가 있다.

다음의 표에는 최고점을 받은 관리자와 최저점을 받은 관리자의 퍼센트 포인트 격차가 나타나 있다. 이 표를 보면 리더 한 사람이 얼마나 큰 차이를 만들 수 있는지, 또 회사 전체 점수에 어떤 영향을 미칠수 있는지 알 수 있다.

최고점 관리자와 최저점 관리자의 격차

+40 나의 관리자는 성과 문제가 생기면 이를 초기에 파악, 처리한다.

+35 나는 관리자와 좋은 업무 관계를 맺고 있다.

+32 나의 관리자는 모범적인 업무 습관을 갖고 있다.

+32 나의 관리자는 성과 목표를 세우고 이를 모든 직장 동료에게 전달한다.

+30 나의 관리자는 나에게 지속적으로 회사의 계획에 대해 알려준다.

+30 나는 나의 관리자를 믿는다.

+28 나의 관리자는 긍정적인 성과를 적절한 방식으로 칭찬한다.

+26 나의 관리자는 필요할 때 쉽게 만날 수 있다(예: 직접 혹은 전화, 이메일을 통해).

+26 나의 관리자는 실수를 저질렀을 때 이를 인정한다.

+24 나의 상사는 성과와 관련한 양질의 지속적인 피드백을 제공한다.

+23 나의 관리자는 내 책임 분야와 관련된 일에 대해 내 의견을 듣고자 한다.

+22 나의 관리자는 나를 존중한다.

다음에 나오는 짧은 문항에 답변을 하다 보면 각자 어떤 리더십 분야에서 남들보다 뛰어난지, 또 직원이 일하길 원하고 고객이 거래하고 싶은 회사를 만들기 위해 개선해야 할 점은 무엇인지 파악하는 데 도움이 될 것이다.

(예 / 아니오)	리더로서 나는 긍정적이고 설득력 강한 비전을 갖고 있다.
(예 / 아니오)	우리 팀은 비전을 현실로 바꿀 목표를 갖고 있다.
(예 / 아니오)	우리는 달성해야 할 도전 과제를 목표로 갖고 있다.
(예 / 아니오)	우리 팀은 목표와 비전을 현실로 바꿀 계획을 갖고 있다.
(예 / 아니오)	우리 팀의 모든 구성원은 자기가 맡은 직책/일의 목표를 분명하게 알고 있다.
(예 / 아니오)	팀 구성원들은 내가 회사의 계획에 대해 지속적인 의사소통을 하고 있다고 말한다.
(예 / 아니오)	팀 구성원들은 그들이 일을 하는 데 필요한 정보를 내가 지속적으로 전달하고 있다고 말한다.
(예 / 아니오)	팀 구성원들은 내가 그들이 직접 문제를 해결하기 바란다고 말한다.
(예 / 아니오)	팀 구성원들은 내가 혁신과 제품, 절차, 시스템, 서비스 개선을 장려한다고 말한다.
(예 / 아니오)	팀의 모든 구성원은 팀의 성공에 기여한다.
(예 / 아니오)	우리 팀은 협동이 잘 이루어진다.
(예 / 아니오)	우리 팀은 조직 내 다른 부서/팀과 협동을 잘 이룬다.
(예 / 아니오)	우리 팀에서 성과 문제는 신속하게 해결된다.
(예 / 아니오)	우리 팀은 정기적으로(매주, 격주) 모임을 갖는다.
(예 / 아니오)	우리는 지속적, 정기적으로 목표를 향한 진전 상황과 성과에 대해 의사소통을 한다.
(예 / 아니오)	우리 팀은 놀라운 성과를 산출, 달성한다.
(예 / 아니오)	우리 팀은 지속적으로 팀과 개인의 성공을 인정한다.
(예 / 아니오)	우리 팀은 성공을 축하하는 방법을 알고 있다.

'예'라고 대답한 문항이 15개 이상인 경우 당신은 탁월한 최고의 리더입니다. 축하합니다.

　'예'라고 대답한 문항이 10~15개인 경우 당신은 최고의 리더가 되는 길로 나아가고 있는 훌륭한 리더입니다. 계속 노력하세요.

　'예'라고 대답한 문항이 10개 미만인 경우 당신은 좋은 리더가 되는 길로 나아가고 있습니다. 이 책을 계속 읽으세요!

4장

조직의 탁월함을 해치는
어리석은 관리자 행동 11가지

한 인터뷰에서 샌디에이고 카운티 보건복지부의 부차장 팸 스미스는 관리자와 직원과의 관계가 갖는 중요성을 다음과 같은 짧은 말로 표현했다. "훌륭한 직원은 훌륭한 리더십 하에 있을 자격이 있다."

기업이 탁월한 조직을 만드는 10가지 열쇠를 실천에 옮기지 않는다 해도 관리자 한 사람 한 사람은 이를 실천할 수 있다.

우리가 부서별 직원 인식조사 데이터를 분석하여 수집한 엄청난 양의 데이터도 이를 입증한다. 조직의 관리자 한 사람은 직원이 직장에 대해 갖는 감정에 엄청난 영향을 미칠 수 있다. 직원 수가 5명, 50명, 500명, 5,000명이냐는 중요하지 않다. 관리자가 긍정적인 리더십을 발휘하면 직원도 직장에 대해 긍정적인 감정을 갖게 된다. 관리자가 직장에 대해 부정적이거나 무관심한 경우에도 마찬가지다.

전체 직원 인식조사 점수에서 긍정적인 답변이 81퍼센트로 나온 회사가 있다고 치자. 이 회사 안에서 어떤 부서의 점수는 92퍼센트인 반면 다른 부서의 점수는 44퍼센트가 나올 수 있다. 어떻게 이런 일이 있을 수 있을까? 정말 같은 비전과 가치관, 목표, 전략을 지닌 같은 조직에서 나온 결과란 말인가?

직원 인식이 다르게 나타나는 이유는 같은 조직 내에서도 관리자에 따라 서로 다른 환경이 만들어지기 때문이다. 직원 만족도에 크게 영향을 미치는 요소는 직속 상사 혹은 관리자와의 관계이며 몇몇 인식조사에서는 영향을 미치는 정도가 최대 70퍼센트까지 나왔다.

대규모 연구를 인용할 수도 있겠지만 쉽게 회사를 떠나지 않는 최고의 인재가 모이고 이들에게 동기와 자극을 주는 조직은 보통 수준의 임금을 주면서도 직원이 일하러 오고 싶은 환경을 만들기 때문에 그런 결과를 달성하는 거라고만 말해도 충분하다. 분명 돈은 반드시 필요하지만 돈만으로는 직원이 갖고 있는 모든 역량을 발휘할 것이라고 기대할 수 없다. 훌륭한 조직은 최고의 직원을 모으고 그들이 최고의 효율을 발휘하며 일을 하도록 하려면 먼저 올바른 관계가 형성되어야 한다는 걸 잘 알고 있다.

훌륭한 직원은 훌륭한 관리자 밑에서 일할 자격이 있다

직원이 조직을 떠날 때에는 리더가 마음에 들지 않아서일 가능성이 매우 크다고 생각한다. 1년 이상 인력개발부서에서 일한 경험이 있는 관리자라면 누구나 회사를 그만두려는 사람과의 면담에서 비슷한 얘기를 계속해서 들은 적이 있을 것이다. 이런 면담을 토대로 인력개발 전문가들은 조직 내에서 직원이 즐거운 마음으로 따르는 관리자가 누구인지, 직원에게 경쟁업체에서 자신의 재능을 펼치고자 하는 마음이 들게 하는 관리자가 누구인지 감으로 알게 된다.

모든 직원의 퇴직이 '나쁜' 퇴직은 아니라는 걸 명심할 필요가 있다. 우리는 '좋은' 퇴직도 있다고 굳게 믿고 있다. 조직과 관련된 사람 혹은 일에 불만을 품은 성과가 좋지 못한 직원도 있고, 자신의 일은 제대로 하지만 분위기를 좋지 않게 만들어 다른 사람들을 괴롭게 하는 사람도 있다. 이런 사람들이 회사를 그만두면 회사 전체가 밝아진다.

'나쁜' 이직은 회사의 성공에 큰 기여를 하는 직원이 단지 상사를 피해서 혹은 업무 환경을 견딜 수가 없어서 지금 회사와 동등하거나 심지어는 지금보다 못한 조건에 회사를 옮기려는 경우를 말한다. 훌륭한 직원이 회사를 그만두면 이를 대체하기가 어렵다. 또한 새로운 직원을 그만큼 훌륭한 기여를 하는 직원으로 훈련시키는 데에도 엄청난 비용이 든다(내 부서 혹은 내 회사의 이야기일 때에는 인정하기가 어렵지만). 이런 상황 중 상당수의 경우 최고의 직원은 리더십에 불만을 품고 회사를 그만둔다.

그러나 리더 한 사람이 차이를 만들어낼 수 있다. 3장에서는 직원 인식조사에서 점수가 높았던 리더와 그렇지 못했던 리더의 차이점들을 살펴보았다. 이런 차이점들은 간단하지만 많은 관리자들이 그것을 일관되게 수행하는 데 어려움을 겪는다.

수 년 동안 여러 조직과 함께 일하고 많은 관리자를 코칭하면서 우리는 조직, 부서, 팀을 엉망으로 만드는 어리석은 관리자 행동 11가지를 파악할 수 있었다. 대부분의 관리자는 앞으로 나올 어리석은 행동들 중 하나 이상을 꼽으며 "나도 이런 적이 있는데"라고 말할 것이다.

그러나 직원의 참여 의지를 떨어뜨리고 조직의 탁월함을 해치는 관리자와 대다수의 관리자를 구분하는 차이점은 '얼마나 자주'에 있다.

솔직한 관리자라면 누구나 일을 하면서 이따금씩 어리석은 행동을 한 적이 있다고 하겠지만, 직장을 엉망으로 만드는 관리자는 다음의 어리석은 행동 중 한 가지 이상을 매우 자주 저지른다. 더 나쁜 점은 이런 관리자 중 상당수가 자신이 갈등을 일으키고 있다는 걸 알면서도 여러 가지 이유로 자신의 행동을 바꾸지 않는다는 것이다. 어떤 경우에는 부정적인 행동을 지적 받은 후에도 어리석은 행동을 저지르는 경우가 오히려 늘어나기도 한다.

어리석은 행동 1

감정 통제 불능

감정은 적절하게 이용하면 멋진 인간적 특성이 된다. 그러나 감정을 제대로 쓸 줄 모르는 관리자는 조직과 직원에 엄청난 해를 끼친다. 그렇기 때문에 우리가 꼽은 어리석은 행동의 첫 번째가 감정 통제 불능인 것이다. 최악의 가해자는 '변덕스럽다'는 평을 듣는 관리자다.

최근 관리자 피드백을 제공하여 효율성을 높일 수 있도록 하겠다는 마음으로 15명의 직원 및 동료를 대상으로 어떤 관리자에 관한 인터뷰를 실시한 적이 있었다. 응답자 전원이 그 관리자가 고쳐야 할 점으로 상황에 적절하고 일관적인 감정을 보여야 한다는 걸 꼽았다. 이들이 꼽은 적절치 못한 리더십 행동에는 회의이든 일대일 대화이든 상관없이 화가 나면 언성을 높이는 것, 비난조의 이메일을 보내는 것, 열 받으면 욕을 하는 것 등이 있었다.

응답자들은 그 관리자가 자신이 생각하는 '괜찮은' 사람 명단에 속해 있지 않는 사람은 명단에서 제외시키고 완전히 무시한다고 했다. 어떤 직원이 보고서 기한을 어긴 적이 있었다고 했다. 기한을 넘겨서 죄송하다고 하자 그 관리자는 화가 나서 다음과 같이 말했다고 한다. "죄송으로는 충분하지 않습니다. 난 무능함에 대한 사과는 절대 받지 않아요."

이 정도 부정적인 피드백만으로 누군가를 '변덕스럽다'고 할 수 없을지 모른다. 그러나 마지막으로 응답자들은 이 관리자가 매일 아침 출근하면서 아무에게도 인사를 하거나 말을 걸지 않는다고 했다. 그 사람이 '아침형 인간morning person'이 아니라는 건 사무실 전체가 다 알고 있는 사실이라고 했다.

인터뷰를 진행하는 동안 우리는 어떤 응답자가 다음과 같이 말해줘서 매우 고마웠다. "이 피드백을 그녀에게 늦은 오후 시간에 주기 바랍니다. 원래도 피드백을 흔쾌히 받아들일 사람이 아니지만 오전에는 완전히 기분이 최악이니까요!"

인터뷰를 할 때 변덕스럽다거나 화를 잘 낸다는 평을 듣는 관리자는 거의 하나같이 자신의 적절치 못한 행동을 '솔직하고 열정적인 의사소통'이라고 한다. 최근 다음과 같이 말한 관리자도 있었다. "저는 정말 솔직한 사람입니다. 저는 제가 생각하는 대로 즉시 사람들에게 말하는 것뿐인데 솔직한 의사소통을 받아들이지 못하는 사람도 있는 것 같습니다." 그 관리자는 이런 평계를 대며 직원이 자신의 의사를 받아들이지 못하는 건 자신의 책임이 아니라고 했다. 문제는 직원에게 있지 자신에게 있지는 않다는 말이었다.

이런 유형의 어리석은 행동이 끼치는 영향은 그것이 말이었든, 글이었든 상관없이 오랜 시간 동안 사라지지 않는다. 앞의 예에서 문제점은 그 관리자의 표현이 화를 내는 것이고, 적절치 못하며, 나쁜 의도에서 나온 것이라고 받아들여진다는 점이다. 그러나 그 관리자에게 사람들에게 상처를 주거나 직원의 책임의식, 동기를 떨어뜨리려는 게 목적이냐는 질문을 한다면 분명 "절대 아닙니다"라는 대답이 나올 것이다.

흥미롭게도 우리가 함께 일을 한 관리자 중에 화를 잘 내고 변덕스럽다는 평을 듣는 사람 대부분은 이런 감정이 자신의 개인적인 생활과 회사 생활에 영향을 미치고 있다는 걸 잘 알고 있었다. 이런 관리자에게 상황에 대한 그들의 반응이 옳지 못하며 사기를 저하시킨다고 말하는 매우 용감한 사람도 있다. 그러나 그래도 이런 관리자는 직장에서 계속 같은 행동을 보인다.

변덕스럽다, 화를 잘 낸다, 상황에 맞지 않는 감정을 드러낸다는 평을 듣는 경우, 문제는 어떻게 반응할지 두렵기 때문에 이런 사람을 어떻게 대해야 할지 아무도 알 수 없다는 것이다. 사람들은 사무실을 왔다 갔다 하며 "오늘 그 사람 기분 어때?", "오늘 괜찮은 것 같아?"하며 서로 묻는다.

변덕스럽거나 감정적인 사람이라는 평판은 직원과 동료의 생각 속에서 사라지거나 달라지기가 가장 어려운 평판 중 하나다.

어리석은 행동 2
충동적인 결정 내리기

감정적인 관리자 중에는 상황, 상황에 반응하며 충동적인 결정을 하는 사람이 있다. 이런 관리자는 오랜 시간 동안 조직의 성공에 해를 끼치는 여러 성급한 결론을 내린다. 먼저 겨냥을 하지 않고 무조건 쏘아대는 관리자들은 "발사, 발사, 발사!"라고 소리 지르는 걸 좋아한다. 이들은 일단 명령을 내리고 나면 뒤로 물러서서 부하들이 달려가 불을 끄는 걸 구경만 한다.

최근 어떤 충동적인 성향의 부사장과 함께 일할 기회가 있었다. 그 사람은 팝콘 냄새를 아주 싫어했다. 단호한 성격의 그는 회사 전체에 전자레인지용 팝콘 이용을 금지했다. 이런 조치에도 불구하고 그는 지난 달에 두 번이나 규칙을 어긴 냄새를 감지했다. 이 중대한 위기 상황을 해결하기 위해 부사장은 회사의 모든 팀이 나서서 휴게실에 감시 카메라를 설치하라고 지시했다. 부사장의 노력은 여기에서 멈추지 않았다. 직원에게 돌아가면서 감시 카메라 테이프를 확인하라고 했던 것이다. 마지막으로 들은 소식으로는 팝콘을 튀긴 범인은 밝혀내지 못한 채 수색 작업이 계속되고 있다고 했다.

대개 급한 불을 끄고 나면 직원들은 다시 조직에서 중요한 일을 처리하기 시작한다. 직원은 자신의 성취에 만족해한다. 하지만 충동적인 관리자가 또다시 다른 위기에 봉착하여 긴급 명령을 내리는 데에는 오랜 시간이 걸리지 않는다. "또야?"라는 말과 함께 팀 전원은 하던 일을 멈추고 다른 불을 끄러 또 달려간다. 합리적인 팀 구성원은 '매일 일어나는 위기'가 사전에 막을 수 있는 일이며 자신의 일과 조직 목표 전체에 심각한 방해가 된다고 생각한다.

CEO가 회사 전체에 영향을 미치는 중요한 프로젝트 책임자를 개인적으로 싫어하는 회사와 일을 한 적이 있었다. 충동적으로 결정을 내리는 것으로 유명한 그 CEO는 책임자를 하루아침에 해고시키기로 결정했다. 프로젝트 책임자를 해고하고 어떻게 할 계획이냐고 묻자, CEO는 우리를 보며 이렇게 말했다. "아무 계획도 없는데요." 그리고 이렇게 물었다. "이 일을 할 만한 사람을 어디 가면 찾을 수 있는지 아십니까?"

이런 감정적, 충동적인 관리자에게는 공통적인 특징이 있다. 결단력이 있지만 한편으로는 자기 중심적이고 위기 중심적인 리더십 스타일을 갖고 있다는 점이다. 이들은 조직이나 부서에서 가장 시급하게 처리돼야 할 일들에 대해 거의 신경 쓰지 않으며 다른 사람의 일이 중요하든 말든 관심을 보이지 않는다.

어리석은 행동 3
남 탓하기

관리자를 큰 어려움에 빠뜨리는 행동 중 세 번째는 적극적으로 문제를 해결하고 조직의 성공에 도움이 되는 성과를 달성할 생각이 없는 것이다. 이런 관리자는 성과가 변변치 않은 이유를 다른 부서나 직속 부하, 상사, 심지어는 고객에게 떠넘긴다는 평을 듣는다.

여기에는 예외가 있다. 이들은 일이 순조롭게 진행될 때에는 거의 항상 앞장서서 공로를 인정해달라고 하고 포상을 받는다.

이런 관리자는 "뭐가 잘못된 겁니까?", "누구 책임입니까?"라는 두 가지 질문에 답하는 데에만 온갖 에너지를 쏟는다. 이보다 한 차원 더 높은 경지에 이른 관리자는

> 환경에 영향을 미치고 긍정적인 성과를 내는 데 필요한 조치를 취할 수 있다는 자신감이 없을 때, 어떤 사람은 자신의 무능함을 다른 누군가의 탓으로 돌리며 위안을 삼기도 한다.

다음과 같은 세 번째 문제에도 신경을 쓴다. "정신적으로 누구를 공격하고 벌을 줄까?" 하는 문제 말이다.

정신적 공격은 관리자가 어떤 사람이나 다른 부서, 상황의 문제점에 대해 말하는 걸 일컫는다. 이런 말은 항상 뒤에서 이루어진다. 문제를 당사자와 직접 얘기할 용기도 없기 때문이다.

우리는 연봉이 상당히 높은 고위급 관리자 두 명의 임원 코칭을 맡은 적이 있었다. 이들은 서로 협조를 하지 않으려 했고, 팀원에게 상대 부서 험담을 했으며, 계속해서 상대에 대한 소문을 퍼뜨렸고, 어려운 일이 있을 때마다 서로를 탓했다. 실제로 두 관리자 모두 하루 온종일 전략적으로 상대를 곤경에 빠뜨릴 궁리를 하는 듯했다. 결국 코칭도 하고 여러 차례 경고도 했지만 두 사람은 서로 간의 갈등을 해결할 방법을 찾지 못해 일자리를 잃고 말았다.

자신의 무능함을 남의 탓으로 돌리며 직장 내에서 효율적인 관계를 유지하지 못하는 많은 임원들의 경영 방식을 자세히 들여다보면, 이들이 자신의 능력에 대해 자신감이 없다는 걸 알게 되는 경우가 많았다. 환경에 영향을 미치고 긍정적인 성과를 내는 데 필요한 조치를 취할 수 있다는 자신감이 없을 때, 어떤 사람은 자신의 무능함을 다른 누군가의 탓으로 돌리며 위안을 삼기도 한다.

어리석은 행동 4
사람들을 무시하기

이런 관리자는 "나, 나, 나"라는 노래를 부르면서 오페라에 나갈 준비를 하는 사람 같다. 이런 사람은 사람들에게 이전에 자신이 얼마나 대단한 일을 했는지, 예전에 일하던 회사가 얼마나 좋았는지 즐겨 말한다.

이들은 자신이 했던 대단한 일에 대해 얘기하면서 자신을 돋보이게 하기 위해 간접적으로 다른 사람들과 현재 몸담고 있는 조직을 폄하한다. 이들에게 과거는 종종 다른 모든 사람을 깔보는 기회로 이용된다.

지금 다니는 회사에는 회사의 목표를 달성할 지식이나 기술을 가진 사람이 한 사람도 없다고 굳게 믿고 있는 관리자와 인터뷰를 한 적이 있었다. 우리는 이 말에 깜짝 놀라 우리가 그의 말을 제대로 이해한 건지 다시 물어봤다. "지식이나 기술을 가진 사람이 아무도 없다고요?" 그 관리자는 당당하게 대답했다. "없습니다. 이 회사에서 큰 그림을 볼 줄 아는 사람은 나 밖에 없어요."

변화를 주도하고 조직을 한 차원 높이는 것은 물론 중요하다. 기준점에서 최고점을 받은 리더들은 분명하고 설득력 강한 비전을 정의하고, 성과에 대한 분명한 기대치를 제시하며, 이런 목표를 직원에게 확실하게 전달한다. 그러나 사람들에게 과거에 그들이 얼마나 일을 엉망으로 처리했는지 이야기함으로써 그들을 자극하려고 하는 건 다른 문제다. 이런 접근방식은 관리자에 대한 적개심과 분노만 불러일으킬 뿐이다.

한 관리자에 대한 피드백 수집 인터뷰에서 이런 지적을 한 직원이 있었다. "우리 회사는 이 새 관리자를 고용하고 그의 가족까지 이곳으로 옮겨오게 할 만큼 잘해오고 있었습니다. 그가 이 회사에 들어온 첫 달부터 모든 사람이 얼마나 무능하고 자기가 얼마나 잘났는지 얘기를 해대는 통에 다들 질려버렸어요. 지금 우리가 컨설턴트를 부른 이유는 이 관리자가 회사 내에서 문제를 일으키고 있기 때문입니다."

부서와 조직의 성공이 모두 자신의 공이라고 생각하는 관리자는 "사람들을 무시하기"라는 태도의 두 번째 양상을 보인다. 이런 사람은 모든 공이 자신에게 있다고 생각하기 때문에 실제로 그 일을 성공으로 이끈 사람을 쉽사리 칭찬하거나 인정하지 않는다. 우리가 코칭한 관리자 중에는 자신 있게 다음과 같이 말하는 사람도 있었다. "제 상사는 제가 하는 일에 대해 전혀 모릅니다. 제가 아니었다면 이 회사는 쓸데없는 장비를 사느라 수만 달러를 낭비했을 겁니다."

우리는 그 장비에 대해서는 잘 모르지만, 그 임원이 코칭을 받는 이유는 밑에서 일하는 직원들이 자꾸 회사를 그만두었기 때문이었다. 오랫동안 회사를 다니는 사람이 없었고 그나마 곧 회사를 떠날 몇 안 되는 직원들 역시 그가 자기밖에 모르는 거만한 사람이라고 했다.

어리석은 행동 5
부정적인 태도

아주 드물지만 이따금씩 직원 인식조사 결과에서 경영진의 의견이 직원 의견보다 부정적으로 나올 때가 있다. 우리는 "이 조직의 미래는 밝다"라는 문항을 통해 이런 경향이 있는지 파악한다. 미래에 대한 직원의 생각을 파악하는 데 도움을 주는 두 번째 문항으로는 "나는 앞으로 3년 후에도 지금 나의 조직에서 하고 싶은 일을 하고 있을 것이다"라는 문항도 있다. 직원 의견이 경영진의 의견보다 긍정적인 상황일 때 우리는 경영진에게 회사 경영권을 직원에게 넘기라고 해주고 싶다. 직원이 관리자보다 조직의 미래를 훨씬 긍정적으로 생각하기 때문이다.

미래에 대한 긍정적이고 설득력 강한 비전이 최고 조직의 기반이 되는 데에는 이유가 있다. 비전이 부정적이면 포부도 약해진다. 상황이 나아질 거라고 생각하지 않는 관리자는 상황을 개선하기 위해 포부를 높이거나 목표를 세우지 않는다. 그저그런 목표와 변변치 못한 비전은 직원의 사기를 떨어뜨릴 뿐이다.

발전하려는 의지가 없이 부정적인 비전을 소유한 관리자가 자기 자신과 조직에 줄 수 있는 가장 큰 선물은 회사를 그만두는 것이다.

어리석은 행동 6
의사소통 실패

1967년 폴 뉴먼은 『폭력 탈옥Cool Hand Luke』이라는 훌륭한 작품에 출연했다. 이 고전영화의 주인공 루크는 주차료 징수기를 부수었다는 이유로 감옥에 들어온다. 왜 그랬냐는 질문에 그는 이렇게 대답했다. "작은 동네라 저녁에 달리 할 일이 별로 없어서요." 그러나 영화에서 가장 훌륭한 대사는 그 다음 스트로더 마틴이 폴 뉴먼에게 한 말이었다. "지금 우리는 서로 대화가 되지 않는군요."

많은 것을 담고 있는 이 대사는 제대로 의사소통을 할 줄 몰라 조직의 탁월함을 달성할 수 없게 만드는 관리자에게도 적용할 수 있다. 여기에는 시기적절하지 않거나 직접적이지 않고 솔직하지 못한 대화를 비롯하여 몇 가지 의사소통 실수 유형이 있다.

최근 어떤 조직의 직원 인식조사 데이터 분석에서 "우리 회사의 관리자는 직원의 의견과 생각을 알고자 한다"는 문항에 대한 답변이 상당히 큰 차이를 보인 경우가 있었다. 직원 입장에서 회사의 문화를 바라보는 외부인으로서 그 상황은 분명히 이해되었다. 직원의 아이디어와 의견을 듣고자 하는 관리자도 있고 그렇지 않은 관리자도 있는 것이었다. 또한 일반적으로 어떤 부서에서 위의 문항을 비롯한 의사소통 관련 문항에 긍정적인 답변이 높게 나온 경우 해당 부서의 전체 인식조사 점수도 마찬가지로 높았다. 다시 말해 상사가 자신의 의견을 물어보고 그 의견을 소중히 여긴다는 생각이 들면 상사와의 관계에 대해서도 긍정적인 생각을 갖는 경향이 있다고 할 수 있다.

한 고위급 임원의 말에서 직원 의견과 혁신에 관한 회사의 조직문화를 들여다 볼 수 있었다. "단지 의견을 물어봤다고 해서 해당 문제를 반드시 직원 의견에 따라 결정하겠다는 건 아닙니다. 직원들은 우리 임원들이 오랜 시간 동안 이 사업을 해왔기 때문에 뭐가 효과가 있고, 뭐가 효과가 없는지 잘 알고 있다는 점을 이해해야 합니다."

실패를 위한 확실한 방법이 있다. 내가 직원보다 아는 것이 많으며 직원은 자기 할 일 외에는 다른 걸 알 필요가 없다고 여기는 것이다. 그냥 꼭 들을 필요가 있다고 생각하는 말만 직원에게 얘기해주고는 뒤로 물러앉아서 기대에 미치지 못하는 성과가 나오는 것을 즐기면 되는 것이다!

이를 '경영 관리의 증식이론Mushroom Theory of Management'이라고 한다. 이런 관리자는 직원을 아무것도 모르는 상태로 놔두고 그들에게 매뉴얼만 익히게 하면 마치 버섯이 자라듯 회사가 잘 돌아갈 거라고 생각한다.

한편, 너무 바빠 제때 의사소통을 하지 못하는 관리자도 있다. 이들은 너무나 적극적으로 이 일, 저 일을 한꺼번에 벌여놓느라 고객을 만족시키고 직원이 훌륭히 업무를 이행하는 데 필요한 정보를 전달할 시간이 없다고 생각한다. 이들은 자기가 직접 모든 일을 하는 게 더 빠르기 때문에 다른 사람에게 일을 맡기지 않는다. 그러나 이들이 서둘러 한 가지 일을 겨우겨우 해결하더라도 결국 의사소통이 제대로 이루어지지 않았기 때문에 또 다른 일이 터진다. 조직의 사람들은 마지막 순간이나 이미 결과를 돌이키기엔 아무것도 할 수 없을 때에서야 상황을 알게 되기 때문에 계속해서 놀라게 된다.

이런 어리석은 행동의 또 다른 예로 직접적이고 솔직한 피드백을 제공하지 않는 것도 들 수 있다. 이런 관리자는 모든 사람에게 자신의 생각을 말하고 다니지만 정작 그 정보를 갖고 일을 해야 하는 사람에게는 아무런 말도 하지 않는다. 인터뷰에서 우리는 다음과 같은 질문을 자주 한다. "부하 직원이나 상사, 동료에게 현재 프로젝트 진행 방식이 심히 걱정된다고 말한 적 있습니까?" 조직에서 여러 가지로 어려움을 겪고 있는 관리자가 우리 눈을 똑바로 쳐다보면서 "아니오"라고 대답하는 경우는 전혀 드물지 않다.

관리자에게 직접적인 의사소통을 하지 않는 이유를 말해달라고 하면 이런 핑계가 나온다. 사람들이 자신의 피드백을 달가워하지 않는 것 같고 솔직한 피드백을 제공하는 건 자기 권한 밖의 일이라는 것이다. 그리고 가장 많이 나오는 대답은 "제가 굳이 말하지 않아도 직원들이 알아서 파악하길 바랐습니다"이다.

관리자 중에는 정보를 제공하거나 질문을 받았을 때 거짓말을 하는 사람도 있다. 상사가 믿을 수 없는 사람이라고 여겨질 때 아랫사람이 마음을 다해 따르는 관계가 형성되기란 거의 불가능하다. 전 사원이 모인 자리에서 어떤 사람이 CEO에게 감원이 있을 건지 물어보는 걸 본 적이 있었다. 고위급 임원진과 함께 그달 말에 있을 감원 조치를 열심히 준비하고 있던 CEO는 전 직원을 바라보며 이렇게 말했다. "아니오, 감원 계획은 없습니다."

거짓말이었다. 직원에게 그들의 일자리가 감원 조치로 인해 위험에 처할지도 모른다는 얘기를 하기가 어려운 만큼 정직한 대답은 이래야 했을 것이다. "감원이라는 엄청나게 충격적인 얘기를 꺼내기가 참 힘듭니다. 하지만 감원이 있을 거라는 걸 알고 계시는 게 좋을 것 같습니다. 구체적인 규모와 해직 직원 처리에 관한 구체적인 계획이 결정되는 대로 여러분께 반드시 알려드리겠습니다."

흥미롭게도 항상 진실을 말하지 않는 사람의 특징은 정말 무언가를 강조하고 싶을 때 이런 말을 한다는 것이다. "이제 솔직하게 말씀드리려고 합니다." 이렇게 물어볼 때도 있다. "솔직하게 말씀드려도 될까요?" "다 털어놔도 되겠습니까?" 이런 말을 들을 때마다 이렇게 대답하고 싶다. "솔직하게 말씀해주셔서 특별한 대화를 나눌 수 있다면 감사하죠. 그런데 그럼 전에는 솔직하지 않았다는 말씀은 아니시죠?"

어리석은 행동 7
내 얘기만 하기

신이 인간에게 귀를 두 개 주고 입을 하나 준 이유는 그 개수만큼 귀와 입을 사용하라는 뜻이라는 옛말이 여기에 적용된다. 조직의 탁월함을 해치는 관리자는 자기 말을 먼저 하고 남의 말은 나중에, 훨씬 나중에 듣는 경향이 있다. 심지어는 전혀 듣지 않을 때도 있다.

남의 말을 경청하거나 질문을 해서 더 많은 정보를 얻으려 하지 않는 태도는 환자와 의사가 나누는 이런 대화와 같다. "의사 선생님, 정말 아파요. 도와주세요." 의사가 대답한다. "저는 30년 동안 의사를 해온 명의입니다. 여기 처방전대로 열흘 동안 이 알약을 네 알씩 드세요. 열흘만 지나면 싹 나을 겁니다. 궁금한 거 있으세요?" 머리가 있는 환자라면 이렇게 생각할 수밖에 없을 것이다. "이 의사는 내가 어디가 아픈지, 얼마나 아팠는지, 통증을 낫게 하려고 어떻게 했는지 알고 싶지 않은 건가?"

어느 해 여름, 나는 벌에 쏘인 막내딸의 진통제를 사러 약국에 간 적이 있었다. 딸이 겨우 7살밖에 되지 않았기 때문에 뭘 사야 할지 알수가 없었다. 그래서 약사에게 가서 베나드릴Benadryl을 집어 들고 이렇게 말했다. "제 딸이 벌에 쏘였는데, 이거 딸아이가 먹어도 괜찮은 약인가요?" 약사는 깊이 생각하지 않고 이렇게 답했다. "네, 효과가 있을 거예요." 난 약국을 나서며 고개를 내저었다. 그리고 이렇게 생각했다. "따님이 몇 살이세요?" "벌 알레르기가 있나요?" "벌에 쏘인 지는 얼마나 됐나요?" "상처는 얼마나 부어올랐죠?" "쏘인 자리는 어디인가요?" 이런 질문이 나왔어야 되는 거 아닌가 하는 생각 말이다. 나는 그 약사가 일종의 의료 사고를 저질렀다고까지 생각된다.

실제로 많은 관리자가 생각 없이 대응하고 나중에 후회할 말을 하며 매일같이 리더십 사고를 저지른다. 이들은 입을 열어 목표에 한 발다가가는 것이 아니라 오히려 목표로부터 멀리 멀어질 말을 한다. 관리자들은 먼저 질문을 하고 다른 사람들의 말에 귀를 기울여야 한다.

관리자들이 남의 말을 잘 듣지 않는 데에는 몇 가지 이유가 있다. 첫째, 이들은 자신이 새로운 정보를 알 필요가 없다고 생각하며, 새로운 정보를 안다고 해서 더 나은 관리자가 될 거라고도 생각하지 않는다. 둘째, 적극적으로 남의 말을 경청하지 않는 관리자는 자신이 이미 정답을 알고 있다고 생각한다. 셋째, 남의 말을 듣지 않는 관리자는 자기가 계속 말을 해서 대화의 주도권을 잡아야 한다고 생각한다.

위의 세 가지가 매우 강력한 이유라고 생각하기 때문에 남의 말을 들을 생각조차 안 하는 관리자가 많은 것이다. 듣고자 하는 마음이 없는 관리자가 직원들에게 미치는 영향은 거의 항상 같다. 선택의 여지가 있는 한 그들은 그 관리자와 일하고 싶어 하지 않는다.

어리석은 행동 8

좋은 소리만 들으려 하기

관리자를 어려움에 빠뜨리는 행동 중에는 동료와 친밀한 관계를 유지하려고 애를 쓰거나 자신이 생각하기에 회사 사람들이 좋아할 거 같은 행동만 하는 것이 있다. 최근 한 관리자에게 자주 지각하고 자신의 일을 제대로 해내지 못하는 어떤 직원에게 주의를 줬는지 물어본 적이 있었다. 그 관리자는 이렇게 대답했다. "아니오. 저랑 좋은 친구 사이라 업무 성과에 관해 아직 얘기해보지 못했어요."

우리는 할 말을 잃었다. 무슨 좋은 친구가 매일 회사에 지각하고 제대로 업무를 처리하지 않아 친구이자 상사인 사람이 제대로 일을 할 수 없게 만든단 말인가? 친구이자 상사의 업무를 방해하는 행위는 친구로서 할 일이 아니다.

탁월한 업무 성과를 인정하고 보상하는 건 최고 기업 기준점에 속한 조직이라면 어디에서나 중요하게 생각하는 일이다. 진짜든 아니든 사적인 친밀함 때문에 팀 전체에 영향을 미치는 성과 문제를 제대로 간파하지 못하는 관리자는 조직의 비전을 달성할 수 없다. 이들은 생산성이 높은 직원의 사기를 떨어뜨려 결국 이런 직원을 잃게 될 가능성이 크다.

또 어떤 조직에서는 직원에게 솔직한 의견을 말하지 않는다고 하는 관리자도 봤다. 그 관리자는 자신이 직속 부하에게 정말로 마음을 쓰고 있으며 그들이 자신을 관리자로서 좋아해줬으면 좋겠다고 했다. 미움을 받고 싶지 않은 마음에 직원에게 솔직한 이야기를 하지 않는다는 관리자를 볼 때마다 우리는 노인, 소년, 당나귀가 나오는 어떤 이야기를 들려준다.

어떤 노인과 소년이 당나귀와 함께 고속도로를 걷고 있었다. 지나가던 어떤 운전자가 차를 멈추고 노인에게 이렇게 말했다. "제정신이 아니군요. 지금 저 어린애랑 같이 걷고 있다니요. 당나귀가 아주 건강해 보이니 어린애를 당나귀에 태우세요." 그래서 노인은 운전자의 말대로 소년을 당나귀에 태우고 다시 걷기 시작했다.

얼마 지나지 않아 또 다른 운전자가 차를 세우고 노인에게 말했다. "제정신이 아니군요. 저 애는 아주 건강하지만 어르신은 연세가 많으시잖아요. 어르신이 당나귀를 타셔야죠." 그 사람의 말대로 노인은 소년을 당나귀 등에서 내리고 자신이 당나귀를 탔다. 그리고 다시 걷기 시작했다.

겨우 몇 분이 지났을 때 또 어떤 운전자가 차 속도를 늦추더니 노인에게 말을 걸었다. "당나귀에 두 사람 다 탈 수 있을 거 같은데요. 둘 다 당나귀를 타고 가세요." 이번에도 노인은 기분 좋게 소년을 들어 올려 당나귀에 태웠다. 그리고 둘이 함께 당나귀를 타고 길을 갔다.

그러던 중 당나귀 앞에 작은 시내가 나타났다. 하지만 당나귀는 물에 발을 담그려 하지 않았다. 지나가던 사람이 멈춰 서서 노인에게 당나귀에서 내려와 당나귀를 끌고 시내를 건너라고 했다. 노인은 그렇게 하려고 했지만 당나귀는 꼼짝도 하지 않았다. 또 다른 지나가던 사람이 이번에는 노인과 소년이 힘을 합쳐 당나귀를 잡아당기라고 했다. 그 사람은 심지어 당나귀를 말 안 듣는 십대 아이 같다고까지 했다. 그러나 또다시 다른 사람이 나타나 노인에게 소년은 앞에서 끌고 노인은 뒤에서 밀면 당나귀를 물로 데리고 들어갈 수 있을 거라 했다.

마지막으로 당나귀를 많이 갖고 있는 한 경험 많은 사람이 나타나 노인과 소년 둘 다 당나귀 뒤로 가서 온 힘을 다해 밀라고 했다. 일단 물에 들어가면 당나귀가 마지못해서라도 시내를 건널 거라는 말이었다. 노인과 소년은 그 사람의 말대로 당나귀를 세게 밀었다. 그러자 당나귀는 발을 헛디뎌 시내에 빠졌고 목이 부러져 익사하고 말았다.

이 이야기에는 리더십에 적용시킬 수 있는 교훈이 있다. 모든 사람의 말을 들으려 하다가는 결국 내가 망하고 만다는 것이다.

어리석은 행동 9

판단력의 부재

"도대체 무슨 생각으로 그랬나요?"

정말 판단력이 형편없다는 평을 듣는 관리자를 코칭할 때 우리가 자주 묻는 질문이다. 판단력이 부족한 사람은 어떤 특징을 가질까? 여기 몇 가지 실례가 있다. 다음과 같은 경우 우리는 판단력이 없는 관리자라고 한다.

- 직원 앞에서 다른 직원의 험담을 한다. 이런 행동을 하는 관리자는 직원에게 비밀 얘기를 함으로써 간접적으로 그 직원과 훨씬 돈독한 관계가 형성된다고 생각한다. 그러나 사실 관리자에게서 다른 직원의 험담을 들은 직원은 이렇게 생각하면서 자리를 뜬다. '사람이 없는 자리에서 저렇게 남의 욕을 하는 사람이니 내가 자리에 없을 때면 내 욕을 얼마나 할까?'

- 상사나 회사의 험담을 한다. 나를 먹여 살리는 손을 물어뜯다니! 관리자가 다른 사람에게 상사의 나쁜 점을 말하면, 듣는 사람은 '저렇게 충성심도 없고 남의 뒤에서 욕이나 하는 사람을 고용하다니 상사가 정말 멍청한 사람이구나'라고 생각하게 된다. 상사나 회사 욕을 하는 사람이 결국 바로 그 상사에게서 회사를 떠나달라는 말을 듣게 되는 걸 여러 차례 봤다.

- 부하 직원이 자신과 사적인 관계를 맺고 싶을 거라 생각하고 그에 따라 행동한다. 많은 사적인 관계가 업무 환경에서 시작된다는 점은 인정한다. 그러나 불행히도 부하 직원과 감정적으로 얽히게 되면 관리자나 직원, 조직에 엄청난 골칫거리가 생기는 경우가 많다.

- 사람들에게 욕설이나 적절하지 못한 발언을 한다. 많은 사람들이 간혹 말실수를 하지만 직장에서의 욕설은 자기 자신에게 불리하게 작용한다는 점을 명심할 필요가 있다.

어리석은 행동 10
듣고 싶은 말만 듣기

방어적인 관리자는 주변에 '예스맨'만을 두는 경향이 있다. 이런 사람은 자신의 생각과 맞지 않는 의견은 달갑게 여기지 않는다. 또 진실을 중요하게 여기지도 않는다. 이들은 감정적으로 화를 내거나 상대방의 의견이 어째서 틀렸는지 지적한다. 또는 상대방과 말을 섞지도 않거나, 자신에게 의견을 말해도 되는 선택된 사람들의 그룹에서 상대를 제외시켜 버린다.

이러한 관리자는 방어적으로 행동한 결과 현실을 제대로 파악하지 못하고 모든 정보를 확보하지 못한 채 결정을 내려야 하는 상황을 만든다. 직원은 정보를 전달해봐야 관리자가 자신의 의견에 동의하지 않을 거라는 걸 알고 있기 때문에 중요한 정보를 알리길 꺼리게 되고 이렇게 악순환은 시작된다.

일례로 어떤 임원 대상 코칭 프로그램의 인터뷰 단계에서 우리는 직원으로부터 같은 말을 계속해서 들은 적이 있었다. 표현 방식은 달랐지만 직원이 하는 말은 다 상사가 무례한 사람이라는 것이었다.

예를 들어달라고 하자 이런 말들이 나왔다. "그 사람은 남의 말을 중간에서 잘라요." "전화를 하는 도중에 그냥 끊어버립니다." "바로 뻔히 얼굴을 보고 옆을 지나가면서도 인사를 하지 않아요." "뭘 물어봐 놓고 대답이 끝나기도 전에 돌아서서 가 버립니다." 한 직원은 대담하게도 이런 말까지 했다. "그 사람한테 이 문제에 대해 얘기해보려고 했어요. 그런데 알고 싶어 하지도 않더라고요. 이 사람 저 사람이 너한테 꼬리가 있다고 말하면 최소한 뒤돌아서 보기라도 해야 하는 거 아닙니까!"

이 사람 저 사람이 너한테 꼬리가 있다고 말하면 최소한 뒤돌아서 보기라도 해야 하는 거 아닙니까!

우리는 이 직원의 충고가 참 마음에 들었다! 이런 어리석은 행동을 보이는 관리자는 단지 현실을 직시하고 싶지 않거나 다른 사람의 입장에서 생각하고 싶지 않은 것뿐이다.

아무도 믿지 않기

얼마나 많은 관리자가 훌륭한 인재를 채용해놓고서도 그들이 일을 제대로 할 거라 믿지 못하는지 놀라울 정도다. 사람을 믿지 못하는 관리자는 중요한 일은 자신이 직접 해야 한다고 생각하기 때문에 남에게 일을 맡기기 싫어한다. 이런 믿음은 자기충족적인 예언으로 이어진다.

사람을 믿지 못하면 남에게 일을 맡기지 못한다. 남에게 일을 맡기지 못하면 팀원은 큰일을 맡을 수 있을 정도의 능력을 개발하지 못한다. 일을 맡기지 않는 상사 때문에 직원은 경험을 쌓을 수 없게 되고, 따라서 직원을 신뢰할 수 없다는 맨 처음의 생각이 맞는 것처럼 느껴진다.

직원을 믿을 수 있다고 생각하는 사람이나, 믿지 못하는 사람이나 다 옳다. 상사가 자신을 신뢰하고 있다고 생각하는 직원은 상사의 기대와 믿음을 저버리지 않기 위해 남다른 노력을 한다. 그러나 사람을 믿지 못해 부하 직원에게 일을 맡기지 않는 관리자의 생각도 옳다. 그런 관리자의 부하 직원은 관리자의 기대를 충족시킬 능력을 갖출 기회가 없기 때문이다.

그밖에도 관리자가 팀원을 믿지 않으면 또 다른 문제가 생긴다. 얼마 지나지 않아 직원도 관리자를 믿지 못하게 되는 것이다. 이것은 직원이 '난 믿을 만한 좋은 사람이야. 난 정보를 제공받고, 중요한 일을 맡아서 하고, 지금보다 더 큰 일을 책임질 수 있는 자격이 있는 사람이야'라고 생각하기 때문에 일어나는 현상이다. 관리자가 직원에게 정보를 주지 않고 큰 일을 맡기지 않으려 하면 부하 직원 역시 정보를 관리자에게 알리지 않는다. 이렇게 신뢰가 결여된 악순환이 시작되는 것이다.

또한 남을 믿지 못하면 모든 것을 직접 통제해야 하는 절박한 필요가 생긴다. 이런 관리자는 상황을 완전히 통제하지 못하면 매우 불안해한다. 이들은 누군가 다른 사람이 일을 대신해서 완벽하게 처리하지 못하면 자신이 나중에 문제를 해결할 수 없거나 그 일이 자신에게 부정적으로 작용할지도 모른다는 걱정에 싸여있다. 높은 수준의 통제력을 유지하기 위해 이런 관리자는 다음과 같이 행동한다.

- 적절한 때에 필요한 정보를 전혀 제공하지 않는다.
- 업무를 남에게 맡겨 직원과 조직의 역량이 신장될 수 있도록 하지 않는다.
- 자기가 자리에서 모든 걸 통제하지 않으면 일이 엉망이 될 거라는 생각, 혹은 최악의 경우 다른 사람들이 자신의 통제가 굳이 없어도 된다는 걸 깨닫게 될지도 모른다는 생각을 갖고 휴가 일정을 조절한다.

빈도: 가장 중요한 사항

관리자가 이런 어리석은 행동을 보이는 이유는 무엇일까? 이번 장을 읽으면서 공감하며 고개를 끄덕거린(아마 웃음까지 터뜨린) 사람이 많았을 것이다. 직장 경력이 긴 사람일수록 이런 유형의 행동을 직접

봤을 가능성이 크다.

차이가 있다면 나쁜 관리자는 종종 하나 이상의 어리석은 행동을 자주, 몇몇의 경우 극단적이라고까지 할 정도로 저지른다는 것이다. 동료, 직원, 코치가 리더십을 향상시킬 수 있도록 질문을 하고 피드백을 제공해도 이런 관리자는 바뀌지 않는다. 어차피 이기지 못할 게임인 것이다.

다른 관리자는 새로운 접근방식을 기꺼이 배우고 실행하고 싶어 한다. 이런 사람은 자신의 리더십 기술을 향상시켜 팀과 조직의 성과를 높여줄 계획을 발전시키고자 한다.

우리는 누구나 어리석은 행동을 그만두고 긍정적인 리더십 기술을 익힐 수 있다고 생각한다. 다음 장에서는 최고의 기업이 이를 실현하는 방법을 보게 될 것이다.

자신의 상사에 대해 생각하면서 다음에 나오는 퀴즈에 답을 해보기 바란다. 각 문항과 관련한 답변은 일정 시간 동안 일어난 일에 기초해야 하며 단지 일회적으로 일어난 사건이나 행동에 따라 답을 하지 않아야 한다. 사람은 누구나 가끔씩 실수를 하고 어리석은 행동을 저지른다. 관리자를 어려움에 빠뜨리는 건 어리석은 행동을 지속적으로 하는 것이다.

1.(예 / 아니오) 나의 상사는 비관적이다. 유리잔에 물이 절반밖에 들어있지 않다고 생각하는 사람이며 내일은 오늘보다 나아지기는커녕 나빠질 거라 확신하는 사람이다.

2.(예 / 아니오) 나의 상사는 변덕스럽다. 상사의 기분이 어떻게 변할지, 나의 요청에 어떤 반응을 보일지 절대 알 수가 없다.

3.(예 / 아니오) 나의 상사는 화를 잘 낸다. 성질이 날 때면 모든 사람에게 티를 낸다.

4.(예 / 아니오) 나의 상사는 자신이 제대로 책임지지 못하거나 조치를 취하지 못한 것에 대해 남의 탓을 한다.

5.(예 / 아니오) 나의 상사는 자신의 직속 부하를 신뢰하지 않는다.

6.(예 / 아니오) 나의 상사는 어쩔 수 없이 정보를 공개해야 될 때가 올 때까지 부하 직원이나 다른 부서에 필요한 정보를 알려주지 않는다.

7.(예 / 아니오) 나의 상사는 자신의 목적을 달성하는 데 도움이 된다고 생각되면 거짓말을 하거나 진실을 숨긴다.

8.(예 / 아니오) 나의 상사는 윗사람을 험담한다.

9.(예 / 아니오) 나의 상사는 부서와 회사 내부에 자신이 좋아하는 사람으로만 이루어진 파벌을 형성하고 그들의 말만 귀담아 듣는다. 상사에게 세상 모든 사람은 자기 편 아니면 남의 편이다.

10.(예 / 아니오) 나의 상사는 부하 직원 앞에서 다른 부하 직원에 대해 좋지 않게 말한다.

11.(예 / 아니오) 나의 상사는 회사 사람들 앞에서 욕설을 한다.

12.(예 / 아니오) 나의 상사는 업무 환경에서 명백하게 적절치 못한 말을 한다(인종, 성별, 옷차림, 외모, 성적 취향, 성적 욕망과 관련한 발언, 농담 등).

13.(예 / 아니오) 나의 상사는 나의 사적인 목표나 일과 관련한 목표에 관심이 없다.

14.(예 / 아니오) 나의 상사는 남의 말을 잘 듣지 않는다.

15.(예 / 아니오) 나의 상사는 사소한 문제를 크게 만든다. 때문에 부서/회사의 모든 사람들이 고통스러워한다.

16. (예 / 아니오) 나의 상사는 일을 처리하는 데 필요한 완전한 책임과 권한을 나에게 일임하지 않는다.

17. (예 / 아니오) 나의 상사는 누가 일을 훌륭히 해내더라도 공개적으로 그 사람을 칭찬하지 않는다.

18. (예 / 아니오) 나의 상사는 자기 덕분에 조직 전체가 성공할 수 있었다고 생각한다.

19. (예 / 아니오) 나의 상사는 사람들 앞에서 누군가가 멍청하다고 말한다. 혹은 자기와 다른 의견을 가진 사람의 눈을 똑바로 쳐다보면서 "내 말을 이해하지 못했군"이라고 하며 우쭐거린다.

20. (예 / 아니오) 나의 상사는 자신이 틀렸거나 실수를 저질렀을 때 쉽게 인정하지 않는다.

점수. '예'라고 응답한 문항마다 5점씩 더합니다. 퀴즈 점수가 낮을수록 당신은 당신의 일과 상사를 좋아하고 있을 가능성이 큽니다. 퀴즈 점수가 높을수록 당신은 상사 밑에서 일하기 힘들어하고 있을 가능성이 큽니다.(점수가 90점 이상인 경우 이메일로 상사가 저지르는 어리석은 행동을 구체적으로 알려주시면 감사하겠습니다. 당신의 경험을 peter@pbsconsulting.com으로 보내주세요. 훌륭한 이야기를 기다리고 있습니다. 다음 책에 여러분의 이야기가 실릴 기회는 항상 열려있습니다.)

5장

조직의 탁월함을 해치는 어리석은 행동으로부터 벗어나는 12단계

뻔한 얘기지만 그래도 짚고 넘어갈 필요가 있다. 어리석은 행동으로부터 반드시 벗어나야 한다는 것이다. 직원의 참여도가 높은 기업은 생산성이 높을 뿐만 아니라 자질이 뛰어나고 업무 성과가 훌륭한 직원을 보유하고 있을 가능성이 크다. 그 결과 이런 조직은 높은 경쟁력으로 여러 분야에서 뛰어난 성과를 올린다.

또한 모든 관리자가 직장 환경에서 뭔가를 저지르거나 말하고 나서 나중에 '멍청한 짓이었어'라고 생각한다는 점도 다시 한 번 강조할 필요가 있다. 관리자가 저지르는 이런 행동 중에는 조직 사람들에게 심각한 부정적 영향을 미칠 수 있는 것도 있지만 그래도 우리는 이런 관리자에게도 희망이 있다고 굳게 믿는다.

명심해라. 직원에게 상사가 실수를 인정하느냐는 질문을 했을 때 기준점Benchmarks에서 최고 점수를 받은 리더는 최저 점수를 받은 관리자보다 무려 26점이 높았다. 훌륭한 리더는 어려움 없이 자신의 실수를 인정하고 상황을 개선하기 위해 앞으로 나아간다.

이번 장에 소개되는 다음의 12단계를 따르면 누구나 자신의 리더십을 발전시키고 조직 기여도를 높일 수 있다. 또한 과거에 저지른 어리석은 관리자 행동의 여파를 완화시키고 향후 성공적인 관계를 형성할 토대를 마련할 수 있을 것이다.

1단계
어리석은 행동을 멈춰라

어리석은 행동을 멈추는 일은 아주 쉬울 거 같지만 우리 경험상 평생 동안 해온 행동은 바꾸기가 무척 어렵다. 최근 50년 된 한 금융 기관의 조직 문화를 쇄신할 책임을 맡고 새롭게 부임한 CEO와 일한 적이 있었다. 직원의 평균 근속 연수가 15년이 넘는 조직이었다. 이렇게 경험이 풍부한 직원을 보유하고 있다는 건 장점이었다. 그러나 문제는 기존 문화를 변화시키기가 그만큼 어렵다는 것이었다.

네 번째 어리석은 행동(사람들을 무시하기) 증상을 갖고 있었던 이 CEO는 계속해서 그가 지금까지 해온 훌륭한 일에 대해 떠벌리면서 자기가 이 회사에 들어오게 된 게 모두에게 얼마나 다행한 일인지 떠들어댔다. 모든 사람에게 "지금 여기보다 훨씬 좋은 데서 오라는 데가 많았다"고 얘기하고 다녔다. 뿐만 아니라 "당신네들은 훌륭한 고객 서비스가 뭔지 전혀 모르는 것 같다"고 반복해서 이야기하면서 계속 경영진 전체를 깎아내리는 모욕적인 행동을 보였다. 그 CEO가 경영진 전체에 즐겨하던 모욕적인 언사는 하나가 아니었다. 그는 이런 말도 자주 했다. "이 회사의 중간 간부 중에는 수석 부사장이 될 능력을 갖춘 사람이 하나도 없다."

당연히 이런 말은 중간 간부들뿐만 아니라 그 CEO가 자신들에 대해서도 나쁘게 말하고 다닐 거라 확신했던 임원들의 사기도 저하시켰다. 우리는 그 CEO에게 공개적으로 개인이나 집단을 깎아 내려서는 안 된다고 여러 차례 말했다. 만남이 있을 때마다 우리는 CEO에게 이런 행동은 사기를 떨어뜨리며 '당신네들' 대신 '우리'라고 이야기하고, 지난 일을 들추어내는 대신 긍정적인 팀의 미래를 건설하는 편이 보다 나은 결과를 가져올 거라고 말했다. 그러나 그 CEO는 어리석은 행동을 그만두지 않았다. 마침내 부임한 지 2년 만에 회사를 떠나라는 통보를 받은 그는 이렇게 말을 하며 회사를 그만두었다. "이렇게 불평불만이 많은 직원들에게 당당히 맞설 배짱을 가진 임원이 하나도 없군."

행동을 변화시키는 일은 어렵다. 여기에는 참을성과 책임감 그리고 흔들리지 않는 인내심이 필요하다.

2단계
실수를 인정해라

당신이 11가지 어리석은 행동 중 하나라도 저지르고 있다면 절대 변명은 금물이다. 어서 솔직하게 사람들한테 가서 이렇게 말하는 게 좋다. "저한테 문제가 많았네요. 제 어리석은 행동으로 인해 일어난 일들을 해결할 계획입니다. 다른 개선 방안이 있으신 분은 저한테 알려 주세요." "이번에는 제가 정말 잘못했습니다. 저한테 하려고 했던 말을 제가 귀담아 들었어야 했는데요. 이번 실수로 많이 배웠으니 다음에는 다른 식으로 일을 처리하겠습니다."

사적인 관계든, 공적인 관계든 실수를 인정하는 건 매우 강력한 힘을 갖는다. 이는 리더가 차이를 만들어낼 수 있는 중요한 방법 중 하나다. 앞서 언급한 바와 같이 사람들은 기꺼이 실수를 인정하는 사람을 더 쉽게 용서한다.

3단계
사과해라

보통 우리는 남에게 피해를 끼쳤을 때 이렇게 말한다. "폐를 끼쳐서 죄송합니다."

우리는 어떤 수석 부사장과 일을 한 적이 있었다. 어느 날 그는 부서 회의 중에 너무 화가 나서 소리를 지르고 욕을 하면서 책상을 주먹으로 내리쳤다. 그리고 나서 갑자기 회의를 끝내고 밖으로 나가버렸다. 말할 것도 없이 부서 직원들은 그날 내내 시무룩한 상태였다.

그날 오후 수석 부사장은 부서 회의를 또 소집했다. 몇몇 팀원은 또 갑작스런 공격을 당하겠구나 하고 생각했다. 그러나 그는 자리에 앉아 이렇게 말했다. "이번 회의는 오래 걸리지 않을 겁니다. 제가 오늘 아침에 보인 행동은 하면 안 되는 행동이었다는 걸 알아주셨으면 합니다. 자제력을 잃은 제 자신 때문에 하루 종일 기분이 좋지 않았습니다. 저는 분노를 완전히 잘못 표출했습니다. 모든 분들께 정말 죄송하다는 말씀드리고 싶습니다." 그는 계속 말을 이어나갔다. "제가 자제력을 잃은 이유가 뭘까 생각해봤습니다. 그건 이 문제를 어떻게 처리해야 할지 감이 잡히지 않아서였습니다. 여러분이 좀 도와주세요."

이 말로 그 관리자는 리더가 되었다. 5분 안에 끝날 예정이었던 회의는 한 시간 이상 지속되었고 팀원 대부분에게서 문제 해결을 위한 대책이 나왔다.

조직에서 적절치 못한 행동을 했다는 비난을 받는 관리자들을 코칭을 할 때마다 그들이 자신의 잘못을 인정하고 사과하려고 하지 않기 때문에 상황이 악화되는 경우를 자주 본다. 이럴 땐 이런 변명이 자주 등장한다. "전 잘못한 게 없기 때문에 사과하지 않을 겁니다. 전 아무 잘못도 하지 않았어요. 그 사람들이 오해해서 과민반응을 보이는 거죠. 사과를 하면 내가 잘못이 있다는 걸 인정하는 게 되기 때문에 전 사과를 하지 않을 겁니다. 전 잘못이 없어요."

그러나 관리자가 자신에 대한 확신이 있고 감정적으로 성숙한 사람이어서 진심으로 "미안해요. 이 일 때문에 기분이 상했다면 사과드립니다. 다시는 이런 일이 없을 겁니다"라고 말한다면 갈등을 해결하기 위해 중재가 필요할 만큼 상황이 악화되지 않는 경우가 이 중 99퍼센트다.

실생활에서도 누군가가 자신의 잘못을 인정하고 진심으로 사과하면 그 사람에게 화내기가 훨씬 어려워진다. 용기를 내서 잘못을 인정하고 사과하는 관리자는 조직 내 사람들로부터 공격을 받기보다는 직장에서 신뢰를 쌓고 직원의 사기를 높일 수 있을 것이다.

사람들은 실수는 이해해도 자신의 행동을 인정하지 않고 자신의 행동 때문에 다른 사람이 피해를 입었어도 사과하지 않는 관리자에게는 존경심을 갖지 않는다.

4단계

도움을 청해라

몇몇 관리자들은 도움을 청하는 것이 나약함과 자신감 결여를 나타낸다고 생각한다. 그러나 정확히 그 반대다. 상사나 부하 직원, 동료, 심지어는 코치에게 도움을 청하는 건 자신감과 힘을 보여주는 것이며 도움을 청하는 사람의 성공 가능성을 높이는 데 도움이 된다. 대부분의 사람이 나의 성공을 바라고 있으며 사람들에게 도움을 요청하면 나의 성공 확률이 높아질 수 있다는 걸 깨닫는 게 중요하다. 다음에 나오는 방법을 사용하면 필요할 때 보다 쉽게 사람들로부터 도움을 받을 수 있을 것이다.

첫째, 일이 진행되는 초반에 도움을 요청하는 게 좋다. 마지막 순간에서야 도움을 청하는 건 모든 사람에게 스트레스가 된다. 그렇게 되면 상대는 내가 목표를 달성할 수 있도록 도움을 줘야겠다는 마음을 먹기는커녕 나의 요청에 화가 날지도 모른다.

둘째, 도와달라는 요청을 할 때에는 구체적으로 내용을 이야기하는 게 좋다. 정확하게 내용을 말할수록 목표를 달성하는 데 이익이 되는 도움을 받을 가능성이 커진다.

셋째, 도움을 요청할 때에는 구체적으로 언제까지 도움이 필요한지 정확하게 얘기하는 게 좋다. 마감 시한이 명확하지 않으면 도움이 언제 필요한지 아무도 알 수가 없기 때문에 도움을 요청해놓고서도 결국 관리자 혼자 일을 다 하게 될 수 있다. 이렇게 되면 이후 직원은 그 관리자를 도와줄 마음이 사라질 수도 있다.

5단계

인정할 공로는 인정해라

자신감이 넘치는 관리자는 직원이 조직의 성공에 기여했을 때 아무렇지도 않게 직원을 인정하고 칭찬한다. 진심으로 직원을 인정하고 칭찬할수록 직원은 관리자와 조직의 성공을 돕고자 하는 마음을 가질 것이다.

대부분의 관리자가 상당한 시간을 들여 직장 내 문제점에 대해 생각하고 해결책을 찾으려 하지만 훌륭한 리더는 잘 진행되고 있는 일에 대해 생각하고 직원의 긍정적인 기여를 인정하고 보상할 기회를 찾는 데에도 시간을 할애한다. 최고 조직에서 일하는 직원의 대다수 (86.7%)는 "나는 일을 잘 해냈을 때 공로를 인정받는다"고 생각했다. 이런 직원의 관리자가 갖고 있는 마음가짐은 "모든 게 직원들 덕분이다"라는 것이다.

6단계

책임을 져라

기대했던 결과가 나오지 않았을 때 불평을 하거나, 다른 사람에게 책임을 떠넘기거나 변명을 해서는 안 된다. 대신 책임을 지고 문제를 해결하는 게 바람직하다. 이는 내가 문제를 일으킨 장본인이라고 인정하는 것과는 다르다. 대부분의 경우 문제는 나 때문에 일어난 게 아닐 것이다.

대부분의 조직이 필요로 하는 관리자는 문제를 해결하고 조직의 목표와 일치하는 성과를 달성하는 책임을 지는 데 자신의 에너지를 100퍼센트 집중시키는 관리자다.

훌륭한 리더는 진심으로 자신이 조직에 기여할 수 있는 바는 조직이 최고의 성과를 낼 수 있도록 기꺼이 책임을 지는 것이라 생각한다. 어려움이 생겼을 때 이런 리더는 이렇게 반응한다. "뭐가 잘못된 거지? 우리가 어떻게 문제를 해결할 수 있을까? 이 문제에서 배울 점은 무엇일까? 이런 일이 앞으로 다시 일어나지 않도록 하려면 어떻게 해야 할까?"

이런 질문에 답을 생각해낸다면 문제는 해결될 수 있다. 동시에 어떤 과정이나 성과 격차performance gap 때문에 문제가 일어난 건지 파악하고 해결할 수도 있다. 또한 자신의 책임을 다하게 되므로 남 탓만 하는 어리석은 행동을 피할 수 있게 된다.

7단계

미래에 초점을 맞춰라

일이 계획대로 되지 않았을 때 이를 남의 탓으로 돌리는 관리자는 대개 과거에 초점을 맞춘다. 이런 올가미로부터 빠져나오는 가장 빠른 방법은 다음의 두 질문을 이용하여 미래에 초점을 맞추는 것이다. 우리가 가고자 하는 곳은 어디인가? 우리는 그곳에 어떻게 갈 것인가?

대부분의 사람은 긍정적인 미래를 지향하는 방향으로 논의가 이루어지면 자신이 갖고 있는 것을 숨기는 태도를 버리고 문제 해결을 위해 적극적으로 나선다. 우리는 이미 훌륭한 리더가 되는 첫 번째 단계는 긍정적이고 설득력 강한 미래 비전이라는 걸 알고 있다.

8단계

실천에 옮겨라

해야 할 일을 뒤로 미루는 태도는 관리자에게 심각한 문제가 된다. 대부분의 관리자는 무엇이 옳은 일이고 자신이 무슨 일을 해야 하는지 잘 알고 있다. 어리석은 행동을 하는 관리자는 아무것도 하지 않으면서 모든 사람이 필요하다고 생각하는 걸 하지 않은 이유에 대해 변명한다.

관리자는 팀의 역할 모델이다. 여기서 잠깐 나이키의 슬로건을 빌려보겠다. "그냥 지금 해라Just do it."

관리자가 오늘 할 일을 내일로 미루는 병에 걸리면 팀 전체도 함께 고통받을 가능성이 크다. 일의 우선순위를 정하고 업무를 완수할 실질적인 계획을 세워라. 그리고 그 계획을 실행하라. 변명은 필요 없다. 그냥 지금 해라!

9단계

먼저 생각하고 나중에 말해라

다른 사람들은 어떤지 모르지만 나는 화가 났거나 열을 받았을 때에는 건설적인 피드백이 나오지 않는다. 그 일이 배우자와 관련된 일이든, 아이들과 관련된 일이든, 직원과 관련된 일이든 상관없다. 화가 낮을 때에는 목표를 달성하는 데 도움이 되는 말이 나오지 않는다. 필자와 같은 경우라면 어떻게 할 것인가? 가장 좋은 방법은 마음이 가라앉은 다음 상황에 대해 생각해보고 상대에게 대응하는 것이다.

다루기 힘든 직원에게 방어적으로 대응했다가 어려움을 겪게 된 어떤 관리자를 코칭한 적이 있었다. 그는 이렇게 말했다. "직원은 내가 화가 났다는 걸 알아야 합니다. 그래서 전 소리를 지르죠. 그러면 속이 후련해지고 화도 풀리죠." 필자는 대답했다. "네, 당신 속은 풀리겠죠. 하지만 다른 누군가가 그 때문에 화가 날 거예요. 그래서 이번 문제가 생긴 겁니다." 그가 대답했다. "그건 자기가 알아서 해결해야죠." 필자는 말했다. "그게 안 됐기 때문에 우리가 지금 여기에 함께 있는 겁니다."

마지막으로 그는 이렇게 말했다. "제가 지금까지 일해 오면서 이번 일을 통해 가장 중요한 걸 깨달은 것 같습니다. 저에게는 털어버릴 수 있는 일이 다른 사람에게는 지워지지 않는 상처가 될 수 있겠네요. 앞으로는 말을 하기 전에 먼저 생각을 해야겠습니다." 이 사람은 어리석은 행동에서 벗어난 관리자의 매우 훌륭한 실례이지 않은가!

그 자리에서 이야기를 하지 않겠다는 생각은 정직하지 못한 거 아니냐고 말하는 관리자도 있다. 정직이란 매우 훌륭한 것이다. 우리는 솔직한 의사소통을 매우 높이 평가한다. 그러나 내 입 밖으로 나오는 말은 영원히 사라지지 않는다는 점을 기억할 필요가 있다. 화가 난 상황에서도 장기적인 목표에 좀 더 가까이 다가갈 수 있는 사람이라면 그 자리에서 말을 해도 된다. 그러나 화가 난 상태에서는 목표에 도움이 되지 않는 말을 하는 사람이라면 먼저 생각부터 하고 그 다음에 말을 하는 게 좋다.

먼저 듣고 그 다음에 질문해라

우리(본 책의 두 저자는 남매간임) 아버지는 종종 이런 말씀을 하신다. "사람들은 자기 말을 잘 들어주는 사람을 좋아한다." 참 간단하면서도 옳은 말이다. 다른 사람이 먼저 말을 하도록 내버려두어라. 남의 말을 듣고 있을 때 리더십에 대해 훨씬 더 많이 배울 수 있다.

상대가 말을 끝내면 상대에게 질문을 해서 많은 정보를 얻고 의미를 명확히 하는 게 좋다. 처방전을 정확히 쓰기 위해 모든 필요한 질문을 하고 나서야 마침내 입을 열어 말을 하는 의사처럼 행동하라는 말이다.

자신의 입장을 밝히기 전에 질문을 먼저 해야 하는 데에는 매우 분명한 이유가 있다. 관리자가 직원의 책임 영역과 관련하여 직원의 의견을 듣고자 하느냐는 질문에서 가장 높은 점수를 받은 관리자의 점수는 그렇지 않은 관리자보다 23퍼센트 포인트 더 높았기 때문이다.

고맙다고 말해라

"부탁해요", "고마워요"란 말은 관리자가 어리석은 행동을 했다고 하더라도 강한 인간관계를 형성하는 데 큰 도움이 되는 말이다. "고마워요"는 특히 직원이 나에게 듣기 싫은 말을 했거나 다른 사람이라면 하기 어려운 말을 했을 때 도움이 된다.

최근 나는 전화 세미나를 한 적이 있었다. 세미나가 끝났을 때 한

참가자가 필자에게 "훌륭한 관리자는 계속해서 직원들을 불편하게 만든다"는 필자의 말이 옳지 않다는 내용의 이메일을 보냈다. 필자는 이메일을 다시 보내서 어째서 이 말이 모든 관리자가 이해하고 실천에 옮겨야 하는 중요한 개념인지 설명을 할까 말까 고민했다.

대신 필자는 발표를 경청하고 소중한 의견을 보내주셔서 고맙다는 내용의 이메일을 보냈다. 그리고 어째서 필자의 충고가 적절하지 않다고 생각하는지 구체적으로 알려달라고 부탁했다. 참가자는 자신의 의견을 명확히 하며 두 페이지 분량의 이메일을 답장으로 보내왔다. 그 글을 읽으며 그의 생각이 필자의 생각과 99퍼센트 일치한다는 걸 깨달을 수 있었다. 그가 동의하지 않는 부분은 한 가지 작은 논점일 뿐이었다.

필자의 의견에 동의하지 않는 이유로 그가 제시한 사례를 읽고 나서 필자는 다시 그에게 답장을 하여 그가 알려준 특수한 상황에서는 그의 말이 옳다고 했다. 사람들에게 고맙다고 말하고 많은 정보를 얻어내는 건 훌륭한 전략이다.

12단계
감사하는 마음을 가져라

감사하는 마음을 갖는 한 가지 방법은 내일 출근을 했는데 직원이 아무도 나타나지 않으면 어떻게 될까 하고 상상해보는 것이다. 이럴 때 어떻게 할 것인가? 관리자 혼자서 부서 혹은 조직 전체를 이끌고 나갈 방법은 없다. 아무도 따르지 않는 관리자는 리더가 아니다. 관리자로서 성공하려면 직원이 반드시 필요한 것이다.

동기 부여 분야의 전문 강연자 브라이언 트레이시Brian Tracy는 종종 이렇게 말한다. "감사하는 마음가짐을 갖고 여러분에게 일어나는 모든 일에 감사하세요. 앞으로 나아가는 한 걸음 한 걸음은 여러분이 지금보다 더 나은 무언가를 성취하기 위한 걸음입니다." 감사할 일은 다음과 같이 많다.

- 나에게는 직업이 있다.
- 나에게는 고객이 있다.
- 나에게는 나를 필요로 하는 팀이 있다.
- 나에게는 사랑하는 가족과 친구가 있다.
- 나에게는 나의 기여를 가치 있게 생각해주는 상사가 있다.
- 나는 차이를 만들어낼 수 있기 때문에 지금 이 자리에 있다.
- 나는 살아있다!

긍정적인 리더의 역할을 향해 나아가라

어리석은 행동 때문에 우리의 코칭을 받은 관리자의 약 50퍼센트는 오명을 벗고 조직 내에서 긍정적인 관리자 및 역할 모델로 변모한다. 이런 의문이 들지도 모른다. "나머지 50퍼센트는 어떻게 됐을까?"

우리는 나머지 50퍼센트를 '뽀빠이 증후군'에 걸렸다고 한다. 유명한 만화 주인공 뽀빠이는 "난 바다 사나이 뽀빠이야. 난 나야. 그게 다지"라고 말한다. 뽀빠이는 어리석은 행동을 보이는 관리자의 흥미로운 역할 모델이다.

뽀빠이 증후군을 고칠 방법은 없을까? 있다. 뽀빠이도 치유 능력이 있다. 시금치 통조림만 먹으면 어떤 장애물도 극복할 수 있으며 그에게 넘지 못할 난관이란 없어진다. 뽀빠이는 "난 과거의 어리석은 행동들로부터 배워서 그 행동들을 변화시키고 고칠 수 있어. 두고 보라고!"라고 말하는 관리자에게 힘을 주는 역할 모델이다.

누구나 어리석은 행동들에서 벗어나 최고 점수를 받은 관리자가 갖고 있는 리더십 기술을 익힐 수 있다. 지금부터 시작하자.

67

THE ONLY LEADERSHIP BOOK YOU'LL EVER NEED

3부

탁월한 조직을
만드는 리더십은
따로 있다

6장

탁월한 조직을 만드는
67가지 리더십 기술

당신은 직원이 혁신적인 사고를 하고 최고의 성과를 낼 수 있도록 돕는 리더인가? 그렇지 않다면 탁월한 조직을 만드는 10가지 열쇠가 직원의 참여정신을 높이고 많은 고객의 충성도를 높이는 새로운 길을 열어줄 것이다. 뿐만 아니라 이번 장에서는 앞서 소개한 10가지 열쇠에 맞는 67가지 기술이 설명될 것이다. 이 기술은 최고 기업 기준점에 속한 기업들이 사용하고 있는 방법이다.

리더 중에는 훌륭한 리더로 타고난 사람도 있지만 대부분의 사람은 자신의 경영 기술을 계속해서 갈고 닦아야 한다. 우리가 코칭한 관리자의 약 절반가량이 보다 높은 성과를 올리는 리더로 변모하여 앞으로 나아갔다는 점을 기억하면 큰 힘이 될 것이다. 앞으로 나올 67개의 기술은 해당 기술을 최고의 리더가 어떻게 실천에 옮겼는가를 보여주는 예와 함께 이 책을 읽는 사람도 모두 같은 일을 해낼 수 있게 도와줄 것이다.

날마다 당신의 행동은 조직의 환경을 만든다. 그렇다고 해서 67가지 기술 전부를 하루아침에 다 실천에 옮겨야 한다는 뜻은 아니다. 조직의 전략적 비전을 갖고 67가지 기술을 실행에 옮기기 시작하는 게 자신과 팀에 이익이 될 것이다. 리더 한 사람이 엄청난 변화를 일으킬 수 있고 그 변화는 긍정적일 수도, 부정적일 수도 있다. 당신은 회사의 문을 열고 들어가면서부터 탁월한 조직의 정신을 보여주고 드높이는 그런 리더인가? 그렇지 않다면 여기 해결책이 마련되어 있다.

열쇠 1
분명한 목표를 지닌 설득력 있고 긍정적인 비전

탁월한 조직을 만드는 첫 번째 열쇠가 설득력 있고 긍정적인 비전인 데에는 다 이유가 있다. 어디를 향해 가고 있는지 모르는 상황에서 어떻게 목표점에 도달할 수 있겠는가? 최고 조직에서는 90퍼센트의 직원이 회사의 목표를 잘 이해하고 있다. 그러나 세상에서 제일 분명한 비전도 직원에게 잘 전달이 되고 고위급 임원을 포함한 전 직원이 그 비전을 실현하기 위해 노력할 때에만 효과를 낼 수 있다.

01 조직의 목적을 알려라

목적은 조직이 존재하는 이유를 분명하게 설명하는 강력한 동기 부여 도구다. 목적은 단순히 직원에게 무엇을 어떻게 해야 하는지 설명하는 것에 그치는 대신 "왜?"라는 질문에 답을 준다. 분명하게 표현된 목적은 고객의 입장에서 조직이 무슨 일을 하는 곳인지 분명하게 설명한다. 예를 들어 우리 회사는 목적이 분명한 경영 컨설팅 회사다. 우리의 주된 관심사는 직원이 일하러 오고 싶은 곳, 고객이 기꺼이 거래하고 싶은 곳을 만들 수 있도록 고객에게 도움을 주는 것이다. 우리는 이런 목적에 맞추어 모든 서비스와 상품을 제공한다. 분명한 목적을 갖고 있는 유명한 조직의 예를 몇 군데 들어보겠다.

- 스타벅스 – 세계 최고의 커피를 제공하는 최고의 커피 전문점
- 3M – 풀리지 않은 여러 문제를 혁신적으로 해결한다.
- 디즈니 – 사람들에게 행복을
- 메리케이 – 여성에게 무한한 기회를 제공한다.
- 머크 – 삶의 질을 높일 혁신과 해결책을 개발함으로써 사회에 탁월한 상품과 서비스를 제공한다.
- 사우스웨스트 항공 – 따스함, 친근함, 자부심, 기업 정신이 담긴 최고의 고객 서비스를 제공한다.

당신의 팀 혹은 조직의 원동력이 되는 목적, 대의명분은 무엇인가?

분명한 목적이나 대의명분이 일에 개입될 때 직원의 사기와 생산성이 높아지는 경향이 있다. 팀의 모든 직원은 조직의 목적과 개개인의 행동이 조직의 성공에 어떻게 기여하는지 잘 알고 있을 필요가 있다. 직원이 계속해서 뭔가를 하고자 하는 마음을 갖고, 충성심 강하며, 열정적인 상태를 유지하려면 의미 있는 목적이 있어야 한다. 목적을 크게, 자주, 분명하게 확인시키고 전달해라.

목적을 크게, 그리고 자주, 분명하게 확인시키고 전달해라.

"리더는 꿈이 이루어질 수 있다는 확신과 비전을 갖고 있다. 리더는 이를 위해 힘과 에너지를 불어넣는 사람이다." - 랄프 로렌

02 내일을 즐겨라

조지 번즈George Burns는 이렇게 말했다. "매일 아침 나는 일어나자마자 제일 먼저 신문의 부고란을 읽는다. 내 이름이 거기 없으면 그 날은 좋은 날이다." 조지 번즈는 자신의 100번째 생일날에 런던 팔라디움(영국에서 가장 유명한 공연장 중 하나 - 옮긴이) 공연 스케줄을 잡아놓기도 했다. 참으로 강력하고 긍정적인 미래 비전이다. 어느 날 누군가가 조지 번즈에게 앞으로 얼마나 더 살 거 같은지 물었다. 그는 대답했다. "제가 어떻게 죽습니까? 공연 예약이 꽉 차 있는데." 조지 번즈는 런던 팔라디움에서 공연을 하지는 못했지만 100번째 생일 축하를 받을 만큼 오래 살았다.

당신은 컵에 물이 절반이나 있다고 하는 리더인가, 아니면 절반밖에 없다고 하는 리더인가? 함께 일하는 사람 때문에 일과 삶이 하찮은 잡일이 될 수 있다. 나는 불만이 많은 한 직원에게 왜 그 회사에 계속 남아있는지 물어본 적이 있었다. 그는 대답했다. "6년 5개월 4일만 있으면 퇴직할 수 있거든요." 이 대답은 직장에 대한 얘기라기보다는 남은 수감 형기에 대한 얘기 같았다. 하지만 어쨌든 그는 밤이면 부부 면회를 가듯 집으로 향하긴 했다. 슬픈 점은 이 사람에게는 사적인 삶도 재미없을 가능성이 크다는 생각이 드는 것이었다. "난 내 일이 끔찍하게 싫지만 오후 다섯 시면 삶이 즐거워지지." 이렇게 말하기란 참 어렵다. 삶이란 이런 식으로 이루어지지 않는다.

내일을 즐기는 가장 좋은 방법은 할 일을 마련하는 것이다. 우리는

다음과 같은 일들에 즐거움을 느낀다.

- 다음 책을 준비하는 일
- 함께 일하는 임원이 보다 훌륭한 리더가 될 수 있도록 안내하는 일
- 직원이 성장할 수 있도록 돕는 일
- 우리 회사를 한 단계 발전시키는 일
- 십대인 우리 아이들이 모든 걸 배우고, 자라서, 대학에 가고, 독립하는 걸 지켜보는 일!

당신에게 즐거운 일은 무엇인가? 삶과 일, 회사에서 사랑하는 건 무엇인가? 당신이 앞으로 해야 할 일에는 어떤 것들이 있는가? 일을 사랑하고 함께 하는 동료를 사랑하기 때문에 매일 즐거운 마음으로 출근을 하는 게 탁월한 직장을 만드는 길이다. 정말로 내가 하는 일을 사랑하면 그 일은 더 이상 그저 일이 아니다. 내일을 즐기는 리더 주변에는 조직의 목표를 달성하고자 하는 사람이 모인다.

"용기만 있다면 세상에 못 할 일은 없다." - J. K. 롤링

03 기대 수준을 높여라

교육 분야만큼 조직 변화에 대한 저항이 큰 분야는 없다. 이론적으로 입증되거나 공식적으로 문헌에 기록된 바는 없지만 교육 분야에 몸담고 있는 사람은 대개 변화를 해야 할 이유가 없다고 생각한다. 그러나 현재 소수의 혁신적인 학군에서는 교육산업의 패러다임

을 변화시키고 있다.

캘리포니아 파웨이에 있는 파웨이 통합 학군The Poway Unified School District은 유치원부터 고등학교까지 미국 내 최고의 학군 중 하나로 손꼽히는 곳이다. 파웨이 통합 학군의 교육청장은 파웨이 학군이 지금의 명성을 쌓을 수 있도록 한 사람으로 25년이 넘게 청장 자리를 지켜왔다. 학군의 명성 덕분에 그 지역의 집값이 20만 달러에서 30만 달러까지 상승했다고 여겨진다. 이렇게 강한 명성을 갖고 있는 사람은 더 높은 단계로 나아가려 하기보다는 현재에 갖고 있는 것을 지키는 데 초점을 맞추게 마련이다.

2001년 파웨이 통합 학군은 새로운 교육청장 돈 필립스를 채용하여 학군을 이끌도록 했다. 이미 잘 되고 있는 것을 물려받을 때에는 어떻게 하면 더 잘해나갈 수 있느냐가 가장 큰 문제가 된다. 지난 10년 동안 대부분의 학군들은 "모든 아이들은 배울 수 있다"에서 "모든 아이들이 배울 것이다"로 비전을 바꾸었다. 두 번째 비전 "모든 아이들이 배울 것이다"란 비전에 따르면 학군과 학군의 모든 선생님들에게는 모든 학생을 제대로 교육시킬 책임이 있다.

돈 필립스는 여러 교육감과 함께 "모든 아이들이 배울 것이다"란 비전을 한 차원 더 끌어올리는 새로운 비전을 만들었다. 파웨이 통합 학군의 비전은 "모든 아이들이 대학에 들어갈 준비가 된 상태로 졸업할 것이다"이다. 이 비전에 누가 반대할 수 있겠는가? 그러나 새로운 것, 다른 것에는 언제나 반대가 있게 마련이다. 다른 학군의 교육 종사자에게 이 비전에 대해 말해준 적이 있었다. 그 사람은 우리를 쳐다보며 이렇게 말했다. "마음에 들지 않네요. 저는 모든 아이들이 가능한 한 많은 선택의 여지를 갖고 졸업을 해야 한다고 생각합니다." 우리는 할 말을 잃었다. 대학에 들어갈 준비가 된 상태로 졸업을 하는 것보다 선택의 여지를 크게 할 수 있는 방법이 있는 걸까?

높은 수준의 기대에는 항상 저항이 있게 마련이다. 저항은 예상된 것이다. 이런 저항을 극복하고 보다 높은 수준의 성공을 이룰 때에만 조직의 사기는 높아지고 탁월함도 달성된다. 상투적인 표현이라고 생각하는 사람도 있겠지만 그래도 우리는 다음과 같은 구절에 나오는 말이 참 옳다고 생각한다. "달을 향해 쏴라. 그러면 최소한 별에라도 떨어질 테니." 사람들은 평범한 목표나 기대를 좋아하지 않는다. 중간 정도의 목표를 달성하면 정확히 감흥도 중간 정도로밖에 느껴지지 않는다.

> "자신이 할 수 있는 것 이상을 시도하지 않는 한 사람은 절대 자신이 가진 능력 전부를 발휘할 수 없다." – 헨리 드러먼드

04 개인적인 리더십 비전을 만들어라

팀원들이 나를 따르길 바란다면 내가 어떤 사람이고 어떤 입장을 표명하고 있는지 아주 분명하게 밝혀야 한다. 개인적인 리더

팀원들이 나를 따르길 바란다면 내가 어떤 사람이고 어떤 입장을 표명하고 있는지 아주 분명하게 밝혀야 한다.

십 비전Personal Leadership Vision은 너무나도 중요하다. 부서의 비전이나 조직의 비전과는 무관한 이 개인적 비전은 다른 사람들이 나를 어떤 리더로 봐주길 바라는지에 관한 분명한 그림이다. 예를 들어보겠다.

나는 직원의 기여를 정말로 가치 있게 생각하고 그들 하나하나를 개별적

으로 아끼는 리더다. 또한 책임감이 강하고, 주어진 임무를 모두 완수하며, 필요한 경우 철저하게 계산된 리스크를 감수하는 열정적인 리더다. 나는 내 일을 사랑하며 사람들이 즐거워하는 환경을 조성한다.

다음에 나오는 네 가지 방법을 사용하면 개인적인 리더십 비전을 마련하는 데 도움이 될 것이다.

- 당신을 따르는 사람들이 당신을 어떤 리더라 생각할지에 초점을 맞춰라.
- 당신이 원하지 않는 것 말고 원하는 것을 적어라.
- 매일 새로운 결심을 하고 비전을 실현하는 데 도움이 되는 행동을 실천해라.
- 결심을 실천에 옮기기 시작한 지 일 년이 되기 전에는 비전을 혼자서만 간직해라.

개인적인 리더십 비전을 발전시키는 일은 힘든 과제일 수 있다. 따라서 이 방법을 사용하면 보다 쉽게 비전을 발전시킬 수 있을 것이다. 지금 은퇴 파티 축하를 받고 있다고 상상해보는 것이다. 상사, 동료, 직원, 고객이었던 사람들이 당신을 축하해주려고 백 명 이상 모였다. 몇몇 손님은 단상에 올라가 당신이 그동안 어떤 관리자였고 사람이었는지 짧은 인사말을 하기도 한다. 당신이 그동안 탁월한 업적을 이룬 사람이라고 상상해보자.

상사가 당신에 대해 어떻게 얘기해줬으면 좋겠는가? 동료, 직원, 고객은 당신을 어떤 사람이라고 평하길 바라는가? 사람들이 당신의 어떤 점을 이야기하길 바라는가? 당신이 조직과 동료의 삶에 어떤 중요한 영향을 미쳤길 바라는가?

이제 당신만의 개인적인 리더십 비전을 만들어보자. 최고의 개인적리더십 비전은 간결하고, 기억하기 쉬우며, 열정과 실천 의지를 자극한다.

> "사람들은 설득력 강한 비전을 갖고 있는 리더에게 더 끌린다. 훌륭한 리더는 사람들이 자신이 갖고 있는 열망을 깨닫고 그 열망을 개인적인 비전으로 만들 수 있게 돕는다." – 존 코터

05 비전을 실현하기 위한 목표를 세워라

목표를 쉽게 생각하는 방법이 있다. 목표란 인생에서 '내가 할 수 있다고 생각되는 것'이다. "할 수 있다"와 "해냈다"를 합치면 인생을 완전히 내 것으로 만들 수 있다. 에이브러햄 매슬로는 『동기와 성격』에서 이렇게 말했다. "나이가 몇 살이든 상관없이 앉아서 하고 싶은 일을 생각해낼 수 없는 날, 그날이 문제가 생긴 날이다. 이제 갈 때가 된 것이다."[1]

여러 다양한 상황에서 수천 명의 관리자와 함께 일을 해오면서 훌륭한 리더는 언제나 명확한 목표를 갖고 있다는 사실을 발견할 수 있었다. 또한 그 반대의 경우도 목격할 수 있었다. 직원과의 관계에서 어려움을 겪고 팀에 동기를 부여하지 못하는 관리자에게는 대개 한 가지 야망밖에 없었다. 바로 "하루만 더 버티자!"라는 거다.

중요한 무언가를 달성하는 일은 분명한 목표에서부터 시작된다. 대부분의 사람이 이 말에 동의하면서도 공적으로나 사적으로 제대로 된

목표가 없는 경우가 많다. 전체 인구 중 90
퍼센트가 목표를 갖고 있지 않다는 연구
결과도 있다. 목적이 없는 사람은 자신만
의 상황을 만들어가는 대신 눈앞에 닥친
상황에 대처하기에 급급하다.

목적이 없는 사람은 자신만의 상황을 만들어가는 대신 눈앞에 닥친 상황에 대처하기에 급급하다.

목표를 품고, 그 목표를 믿으며, 필요한 일을 해 나간다면 누구나 목표를 달성할 수 있다. 어떤 목표든 달성하려면 인내와 끈기 그리고 눈앞의 즐거움을 참고 넘기려는 마음가짐이 있어야 한다. 영화 〈스타워즈〉에서 요다가 한 말이 맞다. 루크 스카이워커가 "좋아, 내가 한 번 해보지"라고 얘기했을 때 요다는 이렇게 대답했다. "그냥 해본다고 말하지 마. 하느냐, 안 하느냐의 문제야. 시도 따윈 없어."

이래서 결혼식에서 주례가 신랑, 신부에게 지금 이 순간부터 죽음이 둘을 갈라놓을 때까지 기쁠 때나 슬플 때나, 부유할 때나 가난할 때나, 아플 때나 건강할 때나 서로를 사랑하고 아끼겠냐고 물었을 때 "해보겠습니다"가 아닌 "네, 그러겠습니다"라고 대답하는 것이다.

목표는 강력한 동기부여의 매개체가 될 수 있다. 목표가 있으면 목적도 분명해지고 성취감과 자신의 인생을 스스로 이끌고 나간다는 느낌을 얻을 수 있다. 목표를 세울 때에는 그 목표가 구체적이고, 객관적 수치로 측정이 가능하며, 달성할 수 있고, 서로 관련이 있으며, 시간 내에 달성해야 하는 건지 반드시 확인하는 게 좋다.

목표를 갖고 노력하는 사람이 되든, 바다에서 허둥대며 표류하는 배가 되든 한 가지는 분명하게 깨달아야 한다. 인생에서 어떤 일을 하든 그렇게 만든 사람은 바로 자신이라는 사실이다.

"인생의 비극은 목표를 달성하지 못한 데 있는 게 아니라 달성할 목표가 없는 데 있다." - 벤자민 E. 메이스

06 신속하게 처리해야 한다는 마음가짐을 가져라

오늘날의 비즈니스 세계에서 속도는 엄청나게 중요하다. 불행히도 리더 중에는 상황을 천천히 변화시켜야 직원이 거부 반응을 보이지 않을 거라고 생각하는 사람이 있다.

몇해 전 워드퍼펙트에서 MS워드로 워드 프로세스 프로그램을 전환하는 게 큰 문제가 된 적이 있었다. 그때 6개월 안에 워드퍼펙트를 MS워드로 완전히 대체시키겠다고 발표한 회사가 있었다. 화가 난 직원들은 이렇게 말했다. "맘대로 하세요. 하지만 난 바꾸지 않을 거예요. 난 워드퍼펙트만 쓴다고요."

MS워드로의 전환이 완료되기 3개월 전, 조직은 직원들에게 MS워드를 교육하기 시작했다. 이 조치에 반대하는 직원들은 이렇게 말했다. "뭔가를 배우는 것은 좋은 일이지만 난 워드퍼펙트를 계속 쓸 거기 때문에 교육에 참석할 필요가 없어요." 전환이 완료되기 한 달 전, IT와 인력개발부의 지정 교육자들이 나와 저항이 심한 소수의 직원들을 마지막 교육에 억지로 참가시켰다. 6개월 만에 워드 프로세스 프로그램의 전환 작업은 완료되었고 직원들은 변화의 4단계, 즉 부정, 분노, 부분적인 시도, 수용이라는 단계를 거쳤다.

한편 빠른 변화를 택한 조직도 있었다. 어느 금요일 저녁, 관리자들은 직원에게 아무런 공지 없이 모든 사람의 컴퓨터에서 워드퍼펙트를 삭제하고 전 파일을 MS워드용으로 바꾸어놓았다. 월요일 아침, 많은 사람들이 화가 나서 뛰어다니며 이렇게 말했다. "좋아. 내가 전자 휴지

통에서 워드퍼펙트를 찾고 말 거야." 흥분해서 이렇게 말하는 사람도 있었다. "어떤 멍청한 인간이 새 소프트웨어 사용법도 알려주지 않고 컴퓨터에서 소프트웨어를 삭제한 거야?"

오전 11시가 되자 글머리 기호, 문단 들여쓰기, 페이지 매기기를 빼고는 MS워드나 워드퍼펙트나 비슷비슷하다고 말하는 사람들이 생겨났다. 오후 4시, 몇몇 사람은 새 소프트웨어가 맘에 든다며 이걸 바꾸는 데 시간이 그렇게 오래 걸렸다니 믿어지지 않는다고 했다.

첫 번째 조직에서는 프로그램 전환에 6개월이라는 시간이 허비됐다. 그러나 두 번째 조직에서는 사람들이 변화의 전 단계를 거치는 데 단지 하루밖에 걸리지 않았다.

변화의 속도와 관련하여 당신의 조직은 얼마만큼의 시간을 갖고 있는가?

"사람들이 싫어하는 건 변화가 아니라 변화 당하는 것이다!" – 피터 센게

07 조직에 최대한 이익이 되는 조직 구조를 만들어라

당신이 몸담고 있는 조직의 구조는 비전을 실현시키기에 최적의 구조로 되어 있는가? 아니면 사람personality에 맞추어 설계되어 있는가? 조직 구조가 서로 일하고 싶은 사람, 혹은 특정한 사람과는 일하려고 하지 않는 직원들을 중심으로 이루어져 있는 경우, 비전을 달성하기 어렵고 탁월한 조직을 만들기도 힘들다.

요즘 우리는 경쟁사를 인수한 한 조직과 일을 하고 있다. 그 조직은 조직 구조를 개편하고 이를 인수된 회사에 알렸다. 인수된 회사의 몇

몇 주요 임원은 '새' CEO 밑에서 일을 하느니 차라리 회사를 그만두 겠다고 했다. 어쩔 수 없이 그 조직은 임원들에게 원하는 사람 밑에서 일해도 된다고 했다. 이런 방법은 큰 문제를 가져올 게 뻔했고 1년 후 조직은 어째서 변화가 어려웠는지, 임원 간에 화합이 이루어지지 않 았던 이유가 무엇인지, 왜 사기가 그렇게 낮았는지를 파악해달라며 우리를 고용했다.

사람을 중심으로 조직 구조가 이루어지면 직원이 원래의 업무 처 리 방식을 바꾸거나 더 나은 성과를 올리는 데 방해가 된다. 조직 구조 를 제대로 변화시키고 싶으면 스스로에게 이런 질문을 해보는 게 좋 다. 조직의 비전을 달성하는 데 가장 도움이 될 것으로 판단되는 조직 구조를 설계한다면 최적의 조직 구조는 과연 무엇일까? 이 질문에 대 한 답이 더 나은 결과로 이끌어줄 것이다.

사람을 중심으로 조직 구조를 설계해야 한다고 주장하는 사람에게 는 고마울 따름이다. 덕분에 우리에게는 컨설팅 프로젝트가 더 많이 들어올 테니 말이다.

> "예전에 나는 조직 운영이 심포니 오케스트라를 지휘하는 것과 같다고 생각했다. 그러나 지금은 그렇게 생각하지 않는다. 조직 운영은 재즈와 비슷해서 즉흥 연주가 주를 이루기 때문이다." - 워런 베니스

열쇠 2
의사소통 – 적시에 적절한 내용 전달

의사소통은 강력한 힘을 갖는 기술이다. 회사가 직원의 의견 개진

을 장려하고 관리자들이 조직의 입장을 지속적으로 전달할 때 비로소 조직의 비전을 실현할 수 있는 팀이 꾸려진다. 우리가 실시한 인식조사에서 전체 직원의 87퍼센트는 최고 기준점에 속한 리더가 계속해서 직원에게 회사가 어떤 계획을 갖고 있는지 알려준다고 응답했다. 이들은 심지어 나쁜 소식도 다 알린다. 게다가 최고의 리더는 직원의 의견을 진지하게 받아들이기 때문에 양방향 의사소통에서도 최고 높은 점수를 받은 집단에 속한다.

08 진실을 말해라

2001년 2월 9일, 해군 사령관 스캇 웨들은 9천 톤급 핵잠수함 그린빌에 신속하게 물 위로 떠오르라는 긴급 명령을 내렸다. 8분 사이에 스캇 웨들 사령관의 인생은 완전히 바뀌었다. 오아후 섬에서 14킬로미터 떨어진 곳에 있던 그린빌은 거칠게 수면 위로 올라오다 일본 어선 에히메 마루와 부딪쳤다. 에히메 마루는 몇 분 만에 물속으로 가라앉았고 이 비극적인 사고로 일본 어부 아홉 명이 사망했다. 설상가상으로 스캇 웨들 사령관은 잠수함에서 민간인 손님을 접대하고 있었고 충돌 순간 이들은 통제실에 있었다.

스캇 웨들 사령관은 『옳은 일The Right Thing』이라는 책에서 자신의 변호사 찰스 디킨스가 했던 말을 적었다. "당신이 증인대에 서서 면책특권 없이 증언을 하도록 내버려두느니 제 손으로 당신을 죽이겠어요. 다시 생각해보니 그러지 말아야겠네요. 당신은 스스로 목숨을 끊는 셈이 될 테니까요!"

스캇 웨들은 변호사가 자신을 보호하려 한다는 건 알고 있었지만 증인대에 서서 사건의 진상을 밝혀야 한다고 생각했다. 그는 변호사에게 이렇게 말했다. "침묵해야 할 때가 있고, 옳은 일을 위해 입을 열어야 할 때가 있습니다. 그날 배에서 일어났던 일을 알고 있는 사람은 저 하나가 아닙니다. 하지만 잠망경으로 제가 본 게 뭔지를 아는 사람은 저뿐이지요. 저는 진실을 말해야 합니다. 결과가 어떻게 되든 제가 책임을 져야 합니다. 그게 옳은 일이니까요."

스캇 웨들은 아홉 명의 사람이 목숨을 잃었다는 데 큰 충격을 받았다. 그는 말했다. "제가 옷을 벗게 되더라도 저는 진실이 알려지길 바랍니다. 무엇보다도 제 부하들은 제 가족입니다. 저는 누구도 저와 함께 자리에서 물러나길 바라지 않습니다." 정직이란 어떠한 대가를 치르더라도 위대한 리더십의 강력한 원칙이다. 2002년 12월 13일 금요일, 스캇 웨들은 에히메 마루와 그린빌 충돌 사고로 사망한 희생자 유가족에게 개인적으로 사과를 하기 위해 일본에 갔다. 일본은 스캇 웨들의 사과를 진실하고 겸손한 존경의 표현으로 받아들였다.

진실하고 정직한 직장 환경을 만드는 일은 조직의 미래에 몹시 중요하다. 또 직원과 경영진에게 성과에 대한 정직한 태도를 취하는 건 진보와 성공에 필수적이다. 직원과 고객에게 모두 존경받는 리더는 강한 유대관계라는 이익을 얻을 것이고 그 리더가 속한 조직은 결국 대차 대조표상 이윤을 거둘 것이다.

"진실을 말하는 사람은 아무것도 기억할 필요가 없다." - 마크 트웨인

09 모든 사람에게 비전과 목표를 자주 알려라
일단 비전을 세우고 나면 그 비전을 다양한 방법으로 자주

사람들에게 알리는 게 성공에 매우 중요하다. 라이트 매니지먼트에서 실시한 한 인식조사에서는 회사의 사업 전략을 제대로 모르고 자신의 일에 열의가 없는 직원의 수가 3분의 2인 것으로 나타났다.

이렇게 직원이 사업 전략을 제대로 이해하지 못하는 이유는 다음과 같았다. 사업 전략 정보를 경영진에만 알리는 기업이 조사 대상 기업의 28퍼센트였고, 직원에게 정보를 알리고 있지 않은 기업이 24퍼센트였다. 그리고 정보를 알리는 최선의 방법이 무엇인지 모르는 기업이 15퍼센트였다. 의사소통의 부재는 직원의 사기 저하, 생산성 저하, 품질의 저하로 이어졌다.

웰스 파고에서 CEO를 맡은 바 있는 리처드 M. 코바세비치는 비전을 반복해서 사람들에게 말한 리더로 꼽을 수 있다. 1999년 웰스 파고에는 개인 고객을 위한 네 가지 금융 상품이 있었다. 그는 평균적으로 고객 한 사람당 15개의 금융 상품을 이용한다고 생각했다. 그의 비전은 고객이 그중 절반을 웰스 파고의 상품을 이용하게 하는 것이었고, 따라서 모든 고객의 가정이 8개의 웰스 파고 상품을 보유하게 하는 게 목표였다.

이 메시지를 전달하기 위해 리처드 코바세비치는 연례 사업보고서, 각종 월스트리트 간행물을 비롯하여 직원과의 의사소통 기회가 있을 때마다 목표와 관련한 최신 소식을 전했다. 2008년 11월 웰스 파고의 새 CEO 존 스텀프는 "가구당 웰스 파고 상품 보유 개수가 5.64개라는 기록적인 수를 달성했다"는 발표를 했다.[2] 웰스 파고의 직원은 회사의 비전을 알고 거기에 집중했다. 월스트리트의 애널리스트들도 그 비전에 관심을 갖고 있으며 심지어 주주들조차 비전에 대해 잘 알고 있다. 웰스 파고는 고객으로부터 이윤을 늘리고 경쟁사로부터 많은 고객을 빼앗아오기 위해 노력하고 있다. 고객에게 한 가지 상품만 끼워 팔아도 좋아하는 금융 기관이 많지만 웰스 파고의 비전은 이보다 훨씬 크며 모든 관련자는 그 목표에 대해 분명하게 알고 있다.

> "리더십의 핵심은 비전을 갖는 것이다. 비전은 모든 일에서 분명하고 확실하게 표현되는 비전이어야 한다. 무엇인지도 모르는 트럼펫을 불 수는 없는 노릇이다." - 테오도어 헤스버그

10 역할과 책임을 매우 분명하게 하고 이를 사람들에게 전달해라

역할과 책임이 불분명하면 책임 소재를 파악할 수가 없다. 직원 중에는 실제로 역할과 책임이 분명치 않은 조직에서 일하고 싶어 하는 사람도 있다. 그래야 성과가 좋지 못하더라도 변명을 갖다 붙이고 다른 사람에게 책임을 돌릴 수 있기 때문이다.

관리자 중에는 여러 사람에게 같은 일을 시켜서 일부러 혼란을 일으키는 사람도 있다. 혹은 원래 조직의 다른 부서에서 하던 일과 관련이 있는 일을 직원에게 시키는 관리자도 있다. 이런 행동은 혼란을 일으키고 직원들이 쉽게 책임을 회피할 수 있게 한다.

뛰어난 사람은 자신이 무엇을 해야 하는지 분명하지 않은 조직에서 일하고 싶어 하지 않는다. 이 사실은 최고의 조직에서 일하는 직원의 85퍼센트가 자신의 직무가 분명하게 정의되어 있다고 생각하며, 93퍼센트나 되는 직원이 조직의 성과 기준과 측정 방식을 잘 알고 있다고 답한 이유를 설명해준다.

직원들이 조직의 목표 달성에 자신이 해야 할 역할이 무엇인지, 자

신이 무엇을 달성할 책임이 무엇인지 확실하게 알지 못한 상태로 두느니 직원의 눈을 가리고 열 바퀴를 돌라고 한 후 목표물을 맞히라고 하는 편이 낫다. 조직의 비전, 목표, 역할이 분명할 때 자신이 책임져야 할 결과와 목적을 쉽게 알 수 있다.

"훌륭한 사람들은 책임지는 것을 좋아한다." – 마이클 에드워즈

11 열린 마음으로 리드해라

대부분의 리더는 자신이 문을 활짝 열어놓았다고 생각하지만 직원들은 문은 열려 있을지 몰라도 마음은 닫혀 있다는 걸 금방 알게 되는 경우가 많다. 우리가 인터뷰한 어떤 직원은 상사의 열린 마음을 이렇게 한마디로 표현했다. "제 상사의 마음은 콘크리트 같아요. 완전히 반죽돼서 돌처럼 굳어진 콘크리트요."

문이 열려있다는 것은 아이디어, 의견, 불만, 제안을 갖고 사무실로 찾아오는 사람이면 누구나 환영한다는 뜻이다. 또한 찾아온 사람의 말을 적극적으로 듣고 정직하게 대응한다는 뜻이기도 하다. 여기에 몇 가지 요령이 있다.

- 누가 사무실로 찾아오면 먼저 자리를 권한다.
- 주의를 기울여 신중하게 상대의 말을 경청한다. 만나러 온 사람은 상대이지 내가 아니다. 직원이 이야기를 끝고 나가도록 둔다.
- 충고를 하기 전에 상대의 말을 제대로 이해했는지 질문을 한다.
- 상대에게 내가 해야 할 일이 있는지 물어본다.

- 상대가 정보를 알려준 경우 감사의 표시를 한다. 특히 그 정보가 듣고 싶지 않은 일이거나 처리하고 싶지 않은 문제인 경우 더욱 감사한 마음으로 받아들인다.
- 후속 조치를 취한다. 아무런 조치도 취하지 않고 상대에게 아무런 말도 하지 않으면 사람들은 "굳이 뭐하러 말을 하러 가?"라고 생각할 것이다.
- 조직을 제대로 이해하는 걸 목표로 정하고 스스로에게 물어본다. "다양한 각도에서 전체 상황을 파악하는 데 필요한 사람들이 나에게로 오고 있는 것인가?"

> "모든 리더십 기술 중에 남의 말을 경청하는 것은 가장 가치 있으면서도 사람들이 가장 모르는 것 중 하나다. 대부분의 우두머리는 가끔씩만 남의 말에 귀를 기울이는 평범한 리더로 남는다. 그러나 소수의 훌륭한 리더는 한시도 듣기를 멈추지 않는다. 이것이 바로 그들이 보이지 않는 기회와 문제를 어느 누구보다 먼저 알게 되는 이유다." – 피터 널티

12 일방적으로 말하지 말고 질문해라

20년이 넘게 관리자와 임원들을 코칭해오면서 우리는 사람들과 좋은 관계를 형성하는 데 어려움을 겪는 리더들의 유형을 파악하게 되었다. 이런 사람들은 질문을 하지 않고 일방적으로 말한다. 이들은 이따금씩 상사, 동료, 부하 직원과 좋은 관계를 맺는 데 어려움을 느낀다.

우리는 어떤 주 경찰관과 인터뷰를 한 적이 있었다. 그는 경찰서장이 경찰차 시동을 꺼놓지 않고 주차장에 차를 그대로 두었다는 이유

로 부하 직원에게 소리를 질렀다고 했다. 경찰서장은 이렇게 소리쳤다고 한다. "이유는 상관없어. 주차장에 있을 때에는 시동을 끄란 말이야." 그 경찰은 계속해서 이런 말을 했다. "서장님이 우리에게 차의 시동을 끄지 않은 이유를 물어봤을 거라고 생각하시죠? 서장님이 물어보셨다면 우리는 시동을 켜고 나서 차에 탑재된 컴퓨터를 켜고 접속하는 데 4분이 걸린다고 대답했을 겁니다." 비상 명령을 받고 출동을 할 때 4분은 매우 소중한 시간이다.

우리는 이런 리더를 두고 이렇게 우스갯소리를 한다. "그런 사람한테 말하려고 해도 어차피 제대로 말할 수도 없을 테니 그냥 관두세요." 우리가 어려움을 겪고 있는 관리자를 도와달라는 부탁을 받는 이유는 두 가지다. 첫 번째는 이들이 조직 내에서 가장 '많이 말하는 사람'이기 때문이다. 이들은 모든 사람들에게 할 일을 이야기한다. 두 번째 이유는 이들의 생각이 옳지 않거나 일을 처리할 더 좋은 방법이 있는 데에도 이들이 다른 사람의 의견을 들으려 하지 않기 때문이다.

조직에서 임원들은 사장에게 달려가 일방적으로 말하길 좋아하는 이런 사람이 다른 사람들과 조화를 이루지 못하고 대화하기도 매우 어렵다고 말한다. 부하 직원과 동료는 인력개발부로 가서 도움을 요청한다. 결국 누군가가 이렇게 말한다. "이 관리자한테는 코치가 있어야겠어."

한 인력개발 담당 부사장이 우리에게 어떤 관리자가 팀에 보낸 이메일을 보내주었다. 다음은 실제 그 이메일이다.

수신: 전 직원
제목: 앞으로는 달라질 겁니다!

제 인내심은 공식적으로 바닥이 났습니다! 앞으로 우리 사무실에 몇 가지 변화가 있을 겁니다. 이를 제대로 파악하지 못하는 사람에게는 책임을 묻겠습니다. 이 시장을 처음부터 다시 만들어야 한다면 그렇게 하겠습니다. 일차 조직 부적응자들은 이미 제거되었습니다. 이번에 또 그렇게 할 겁니다. 저에게 이런 권한이 있냐고 생각하는 사람은 안타깝게도 실수하는 겁니다. 저는 여러분이 자신의 행동에 책임을 지고 이 시장이 원래 기대대로 돌아가게 하기 위해 여기에 왔습니다. 이 자리에 부임한 이후로 저는 많은 추문과 나태함, 잘못된 행태를 파헤쳐 왔습니다. 여기에 있어야 할 그 기회와 미래를 생각하면 안타까운 일이 아닐 수 없습니다. 지금 저는 모든 직책을 면밀하게 살피고 있습니다.

솔직히 저는 보고서를 제시간에 제출하지 않거나 아예 제출하지 않는 경우, 간단한 명령이나 요청도 따르지 않는 경우, '반드시' 상황이 어떻게 진행되고 있는지 알아야 하는 일에 대해 전혀 상황 파악을 하지 못하고 있는 경우에 질렸습니다. 또 자기가 맡고 있는 분야가 잘 되든지, 말든지 개인적으로 아무런 책임이 없다는 듯 행동하는 사람들한테도 질렸습니다. 재고도 확보해놓지 않은 영업사원도 봤습니다. 전화를 아예 받지 않거나 두 시간에서 하루가 지나서야 답신 전화를 하는 영업사원도 있었습니다. 사무실에는 편파적인 행태가 만연하고 있으며, 사람들은 자신의 권한 밖의 일에 손을 대기도 하고, 너무 많은 소문을 떠들어댑니다. 점심시간을 제대로 지키지 않거나 아예 식사를 하러 나갈 때 시간을 기록하지 않고 나가는 직원도 봤습니다. 시간 관리가 제대로 되고 있지 않은 겁니다. 또 친한 사람의 일이 아니면 책임지려고 하지 않으려는 모습도 봤고 급하게 처리해야 하는 일에 느릿느릿 대처하는 모습도 봤습니다.

저는 이제 제대로 된 사람만 차에 태우겠습니다. 관리자로서 제가 기대하는 바가 제대로 이루어지고 있는지 점검하는 일이 제 일입니다. 그리고 그에 따라 지금까지 밝혀진 것들이 제 마음에 들지 않습니다. 앞으로 달라질 겁니다!

이 관리자가 직원에게 대놓고 하지 않은 말은 "사기가 진작될 때까지 계속 사람들을 자를 겁니다" 뿐이었다.

이 글을 쓴 사람에게 의사소통 방식에 대한 질문을 하자, 그는 인력 개발 담당 부사장에게 이렇게 말했다. "사람들이 제 의사소통 방식을 싫어할 수는 있습니다. 하지만 저는 이 일을 하라고 봉급을 받습니다. 그냥 저는 제가 할 일을 하는 것뿐입니다." 우리는 모두 일을 하라고 돈을 받는다. 하지만 어떤 식으로 결과를 달성하는가도 중요하다. 이 관리자는 위의 글을 쓴 지 얼마 지나지 않아 회사에서 해고당했다.

성공적인 리더가 되고 싶다면 질문을 많이 해라. 사람들에게 의견을 구하고 그들이 목표를 달성하는 데 당신이 어떤 도움을 줄 수 있는지 물어봐라. 상황이 잘못되었을 때 사람들에게 문제 해결의 책임만을 강요하지 말고 의견도 제안해달라고 해라. 이런 해결 방법은 간단하지만 우리 경험상 이를 실천에 옮길 수 있는 사람은 우리와 함께 일한 관리자의 약 절반밖에 되지 않았다. 나머지 절반은 자신이 왜 그런 식으로 행동하는지, 자신을 제외한 온 세상이 얼마나 엉망진창이고 자신을 제대로 이해하지 못하는지 이야기한다.

> "협조를 얻고 싶으면 기억해라. 사람들은 강제로 시키는 일을 싫어하고 자신이 새롭게 만드는 데 도움을 주는 걸 하고 싶어 한다." - 빈스 파프

13 현장경영을 통해 실상을 파악해라

조직에서 위치가 높아질수록 일선의 직원이나 고객과 멀어질 가능성이 커진다.

오늘날 서류 작업에 파묻혀 지내며 회의에만 매달리는 관리자의 수가 늘고 있다. 실제로 일을 하는 사람과의 접촉이 부족하게 되면 의사소통에 문제가 생긴다. 회의를 줄이고 사무실 밖으로 나가 직원과 대화를 나누면 다음과 같은 일들이 가능해지기 때문에 여러 기회를 얻을 수 있다.

- 직원들이 무슨 프로젝트를 추진하고 있는지 알 수 있다.
- 일을 잘하는 직원이 누구인지 파악하고 칭찬과 인정을 해줄 수 있다.
- 일이 제대로 되지 않거나 직원이 도움을 필요로 할 때 코칭을 해줄 수 있다.
- 부서와 조직이 돌아가는 상황을 계속 파악할 수 있다.

처음에는 직원이 대답을 제대로 하지 않거나 말을 하더라도 매우 조심스러워할 수 있다. 그러나 시간이 지나면 직원이 어떤 문제를 갖고 있고 무엇이 필요한지 이해하고 대응할 수 있게 될 것이다. 우리가 실시한 한 직원 인식조사에서 "우리 회사는 고객이 무엇을 필요로 하는지 제대로 이해하고 있다"라는 문항과 관련하여 중간급 간부의 점수가 경영진보다 거의 30퍼센트나 적게 나온 경우가 있었다.

경영진에게 이러한 차이에 대해 알려주었을 때 몇몇 임원들은 중간급 간부가 경영진과 다르게 생각하는 이유가 무엇일지 이야기하기 시작했다. 몇몇은 중간급 간부들이 경영진과는 다른 각도에서 고객을 바라보는 건지 모른다고 했다. 한 임원이 물었다. "이 인식조사에 참여한 중간급 간부의 수는 250명이 넘지만 임원은 고작 12명밖에 되지 않았습니다. 250명의 사람이 우리보다 현실을 더 정확하게 파악하고 있지 않을까요?"

다른 임원이 말했다. "우리는 상아탑에서 벗어나 간부들과 일대일로 대화를 나눌 필요가 있습니다. 이런 말로 대화를 시작하면서요. '중간 간부들은 고객이 필요로 하는 바에 관해 우리 임원들이 놓친 무언가를 알고 있는 것 같습니다. 우리는 간부들이 간파한 바를 배워서 고객의 요구를 더 잘 이해하고 우리의 제품과 서비스를 향상시키고 싶습니다.'"

현장경영은 매일 같이 일어나는 사업 활동에 직접 참여하는 리더, 매일 일정 시간을 현장과 직원 사무실에서 보내려고 노력하는 리더에게 효과가 높다.

효율적인 현장경영이 이루어지려면 현장경영 방식이 반드시 자신의 경영 스타일과 맞아야 한다. 인위적인 행동이어서는 안 되며 새롭게 알게 된 사실을 활용하려고 노력해야 한다. 단순히 해야 할 일로 생각해서 대충 현장을 돌아보면 직원은 그것을 금방 간파할 것이다.

건물 여기저기를 거닐며 직원들에게 긍정적인 말을 건네고 그들의 의견을 들을 기회를 찾아라. 사무실 밖에 오래 있을수록, 직원들과 많은 대화를 할수록, 그들의 말을 경청할수록, 더 정확한 식견을 갖게 될 것이다. 이미 자신이 정답을 알고 있다고 생각하는 사람에게는 아무도 진실을 말하고 싶어 하지 않는다.

"조직에서 진정한 힘과 에너지는 사람 간의 관계에서 나온다. 관계의 패턴과 관계를 형성하는 능력은 업무나 기능, 역할, 직책보다 중요하다."
– 마가렛 휘틀리

14 의사소통이 지연되지 않도록 해라

탁월한 조직을 만드는 한 가지 방법에는 의사소통이 지연되지 않도록 하는 것이 있다. 특히 의사가 결정되고 나서 그 결정에 영향을 받는 사람들에게 이를 알리는 시간은 짧아야 한다.

1964년부터 1969년까지 『고머 파일Gomer Pyle, USMC』이라는 시트콤이 텔레비전에 방영됐었다. 짐 나보스가 맡았던 고머 파일은 항상 문제를 일으키는 엉망진창 신병으로 훈련 교관인 카터 병장에게 매일 혼이 나는 역할이었다. 고머 파일은 사람들이 지금도 기억하는 정말 재밌는 표현들을 갖고 있었다. 짐 나보스를 유명하게 만든 표현 중에서 우리가 가장 좋아한 것은 "놀랐죠, 놀랐죠, 놀랐죠!"였다. 한번은 고머 파일이 신이 나서 카터 병장에게 이렇게 말했다. "놀랐죠, 놀랐죠, 놀랐죠! 병장님이랑 저랑 같은 여자를 만나고 있었네요!"

고머 파일의 놀라운 일 중에는 좋은 일이 하나도 없었다. 조직에서의 놀라운 일도 마찬가지다. 팀원을 놀라게 하는 일의 대부분은 긍정적인 것이 아니라 부정적이다. 예를 들어보겠다.

- 지금 하고 있는 프로젝트가 취소됐습니다. 놀랐죠, 놀랐죠, 놀랐죠!
- 내일 새로 상사가 부임해올 겁니다. 놀랐죠, 놀랐죠, 놀랐죠!
- 이번 주말까지 이 주문을 처리해야 합니다. 놀랐죠, 놀랐죠, 놀랐죠!
- 괜히 비행기를 타고 왔네요. 어제 밤늦게 오늘 회의가 취소됐는데 얘기해주는 걸 깜빡했네요. 놀랐죠, 놀랐죠, 놀랐죠!

조직 개선에 관한 어떤 인터뷰에서 자기에게 아무것도 알려주지 않는 게 자기 조직의 의사소통 방식이라고 말한 직원이 있었다.

얼마나 많은 정보가 기밀로 분류되어 마지막 순간까지 사람들에게 알려지지 않는가를 살펴보면 놀라울 정도다. 물론 그중에는 상장 기업 간의 합병 조건 조정 같은 진정한 기밀 정보도 있을 것이다. 정보가 하나라도 새어나오면 합병에 엄청난 타격을 입힐 수 있기 때문이다. 그러나 직원들에게 알려야 하는 정보는 대부분 비밀이 아니며 얼마든지 빨리 알릴 수 있는 내용들이다. 정보를 빨리 알수록 직원들은 회사가 자신들을 중시한다고 느끼게 되고 그 결정이 시행될 수 있도록 기꺼이 도울 마음을 갖게 될 것이다.

> "우리는 의사소통이 문제인 걸 알고 있지만 회사는 이 문제를 직원과 이야기하려고 하지 않을 것이다." - AT&T 장거리 통신부서의 한 교환 관리자

15 위기가 닥쳤을 때에도 침착함을 잃지 마라

작은 문제를 크게 만들어 결국 조직의 모든 사람이 문제에 휘말리게 하는 사람과 일해본 적이 있는가? 문제를 크게 만드는 리더는 조직 전체에 자신이 중요한 문제를 해결할 능력이 없는 사람이라는 걸 알리는 셈이나 마찬가지다.

1970년대 나는 구급차 운전을 해서 대학 등록금을 마련했다. 어느 날 교통사고 현장으로 달려오라는 호출을 받았다. 두 명이 죽고 여러 명이 부상을 입은 사고였다. 고작 6개월 동안 받은 응급 훈련으로는 이런 사고에 충분히 대비를 할 수 없었다. 나는 도와주려는 사람들에게 소리치며 부상자와 구급차 사이를 이리저리 뛰어다녔다. 내가 감

당하기엔 너무 버거운 사고였고 나 자신도 그 사실을 잘 알고 있었다.

사고 수습이 끝나고 난 후 나는 파트너였던 빅 루이에게 왜 현장에서 모든 사람이 나의 말은 듣지 않고 그의 명령만을 따랐던 건지 물어보았다. 빅 루이의 말에 난 정신이 번쩍 들었다. "그건 내가 일을 제대로 했기 때문이지. 구급요원이 현장에 있는 부상자나 사람들보다 더 긴장하고 정신이 없으면 사람들은 그 사람이 자신에게 도움을 줄 수 있다는 확신을 갖지 못해. 오히려 그런 구급요원은 현장에 도착하기 전보다 상황을 더 엉망으로 만들지."

상황이 엉망일수록 더 침착해야 한다. 훌륭한 리더는 위기가 닥쳤을 때 침착하다. 이들은 조직을 이끄는 것이 자신의 책임임을 잘 알고 있다. 사람들은 조직을 위기로부터 구해낼 수 있다는 확신이 부족한 리더는 따르지 않는다. 리더의 위대함은 그가 감당할 수 있는 위기가 어느 정도인가와 정비례한다.

> "얼굴에 진정한 두려움이 깃들 정도의 경험을 할 때마다 사람은 힘과 용기, 자신감을 얻는다. 사람은 할 수 없다고 생각되는 것들을 반드시 해야 한다." - 엘리노어 루즈벨트

리더의 위대함은 그가 감당할 수 있는 위기가 어느 정도인가와 정비례한다.

16 중요한 일에 집중해라

나의 삶에서 가장 중요한 사건은 1998년 당시 14살이었던 딸 브리타니가 이식받을 심장을 기다리다 세상을 떠난 일이었다. 딸이 아픈 2년 동안 난 하루하루를 겨우겨우 버텼다. 완전히 평상시와

다를 바 없는 날도 있었다. 그러나 어떤 날에는 브리타니의 심장이 제대로 기능하지 못하기도 하고 이식한 제세동기가 갑자기 멈추기도 했다. 그런 날에는 해야 할 일 모두와 더불어 나의 삶 자체가 갑자기 멈춰 섰다.

한번은 브리타니가 응급 헬기에 실려 병원에 가게 되는 바람에 고객에게 전화를 걸어 매우 중요한 약속을 취소해야 한 적이 있었다. 고객은 이렇게만 대답했다. "처음 계약하면서 그간의 경력을 봤을 때에는 믿어도 되는 사람인 줄 알았습니다." 그 얘기를 듣고 난 엄청난 충격을 받았다. 그날 늦게 친구 케빈 프라이버그와 이야기를 나누었다. 그는 이렇게 말하며 내가 그 일을 새롭게 바라볼 수 있도록 했다. "자네가 어떤 일을 겪고 있는지를 이해해주지 못하는 사람은 이미 고객이 아니네." 2년 후 다른 조직에서 그 사람을 다시 만났다. 그 사람은 나에게 자신과 함께 일하자고 했지만 나는 그 요청을 쉽게 거절할 수 있었다.

내가 스케줄을 조정하기 위해 전화를 걸었을 때 흔쾌히 이해해주었던 고객은 캘리포니아 최대 규모의 농장인 베터라비아 팜스였다. 총책임자이자 공동 소유주였던 조 프랜디니는 나에게 전화를 걸어 이렇게 말했다. "오늘 아침 사장 회의에서 브리타니에 대한 얘기를 나누었어요. 수술할 심장이 확보됐다는 연락을 받으면 말씀하세요. 저희 비행기로 30분 안에 어디든지 갈 수 있게 해드릴게요. 저희가 도울 수 있는 일이 있으면 꼭 연락주세요."

중요한 도전은 자신의 가치들을 지키며 사는 것이다. 예를 들어 우리 조직에서는 여직원들이 출산휴가를 갔을 때 한 가지 목표만을 생각한다. 즉 새로 엄마가 된 직원이 아이와 유대관계를 맺을 충분한 시간을 가질 수 있도록 하는 데 모든 시스템을 맞추는 것이다.

그게 쉬운 일일까? 그렇지 않다. 우리 팀의 누군가가 휴가를 갈 때마다 다들 일에 차질이 생기지 않을까 긴장한다. 고객이 우리에게 기대하는 서비스에 아무런 차이가 발생하지 않도록 하는 게 매우 중요하다. 그러나 장기적으로 봤을 때 올바른 일을 하는 것의 결과는 업무를 완수하기 위해 최선을 다하는 매우 헌신적이고 책임감 강한 직원을 보유하게 되는 것이다.

어떤 유형의 조직이든, 올바른 때에 올바른 일에 집중할 수 있다. 내 아내 캐서린이 항상 하는 멋진 말이 있다. "당신이 태어났을 때 그게 정말 큰일이고, 죽을 때에도 그게 정말 큰일이야. 다른 일은 모두 별 거 아니지." 리더로서 우리의 성공은 상황을 넓은 시각에서 바라보고 중요한 일에 집중하는 능력에 달려 있다.

> "아무리 하찮은 것일지라도 의미 있는 일은 크지만 무의미한 일보다 인생에서 가치가 있다." - 칼 구스타프 융

열쇠 3
적재적소에 딱 맞는 인재 선발

최고의 조직에서는 회사가 가장 능력 있는 직원을 채용했다는 데 동의하는 직원의 수가 80퍼센트나 되었다. 뛰어난 직원이 채용, 승진될 뿐만 아니라 이들은 다른 최고 성과의 직원들과 같은 수준의 성과를 나타낼 수 있도록 교육도 제대로 받는다. 직원의 선택을 받는 회사는 인재를 채용하고 보유하는 능력을 갖고 있으며 직원 만족의 상당

부분은 상사의 행동에 달려있다.

17 가능한 한 최고의 인재를 고용해라

케빈 프라이버그와 재키 프라이버그는 '형편없지 않은 사람을 고용합시다HIRE PEOPLE WHO DON'T SUCK'라고 쓰인 티셔츠를 만들었다. 의도한 바는 아니지만 우리는 모두 이런 사람을 고용한 적이 있다.

이런 사람들은 태도가 불손하고, 업무를 제시간에 끝내지 않으며, 일의 질에 대해서는 신경을 쓰지 않고, 책임감이 부족하며, 최악의 경우 회사 사람들에게 상사의 욕을 하고 다닌다. 이런 사람들이 마지막으로 사무실 문을 나서면 실제로 사무실 분위기가 확 밝아진다.

사우스웨스트 항공사의 전임 CEO 허브 켈러허는 이런 말을 했다. "우리는 사람의 태도를 보고 뽑고 그 다음에 일을 가르칩니다."3 사우스웨스트 항공을 한 번이라도 타본 사람이라면 허브 켈러허가 바른 태도의 중요성을 얼마나 잘 알고 있는지 깨달았을 것이다. 직원의 업무 능력은 대개 향상될 수 있지만 태도는 바꾸기가 어렵다.

최근 우리는 함께 샌디에이고에서 피닉스까지 사우스웨스트 항공을 탄 적이 있다. 이륙 후 기장의 방송이 있었다. "오늘 저희 사우스웨스트 항공을 선택해주셔서 감사합니다. 즐거운 비행이 되실 수 있도록 여러분을 모실 훌륭한 승무원들이 기다리고 있습니다. 사우스웨스트 항공에서는 매일 아침 기장과 부조종사가 대형 룸으로 가서 업계 최고의 승무원들을 직접 고릅니다. 불행히도 오늘 아침에는 저와 부조종사가 늦잠을 자서 룸에 조금 늦게 갔습니다. 남아있는 사람이라곤 모니카, 로빈, 숀뿐이어서 선택의 여지가 없었습니다. 저희 승무원들에게 친절히 대해주시고 즐거운 비행이 되시길 바랍니다."

비행기 착륙이 약간 흔들리고 힘들었다. 승무원 숀이 기내방송을 했다. "기장이 잘못해서 방금 착륙이 부드럽지 못했던 건 아닙니다." 승무원 로빈이 뒤이어 이런 방송을 했다. "부조종사가 잘못한 것도 아닙니다." 마지막 승무원 모니카는 이렇게 말했다. "착륙이 부드럽지 못했던 이유는 아스팔트 때문이었습니다. 피닉스에 도착하신 걸 환영합니다." 이들은 함께 즐거운 마음으로 비행을 한 듯했다. 덕분에 자칫 지루할 뻔했던 피닉스로의 이코노미 클래스 여행이 아주 재미있어졌다!

> "회사의 가장 큰 자산은 사람이다. 차를 팔던 화장품을 팔던 아무런 차이가 없다. 기업은 딱 그 직원의 수준만큼 훌륭할 수 있다." - 메리 케이 에시

18 직원의 욕구와 목표를 파악해라

린든 존슨 대통령은 사적으로 만나는 거의 모든 사람과 개인적인 관계를 형성하고 유지하는 데 뛰어났다. 그는 사람들과 친해지는 걸 어려워하지 않았으며 의사소통에 매우 능숙했다. 그는 다른 사람들이 갖고 있는 목표와 바람을 듣는 데 시간을 할애했다. 인간관계 기술이 매우 특출났던 린든 존슨은 1960년 존 F. 케네디 대통령과 함께 부통령으로 백악관에 입성했다.

일을 하고자 하는 의욕적인 직원을 원한다면 직원이 사적, 공적으로 갖고 있는 욕구와 목표를 파악해라. 대부분의 관리자는 직원에게 해야 할 일을 명령하는 데에만 급급해 시간을 내서 직원을 알려고 하지 않는다. 다음에 나오는 일곱 가지 질문을 하면 직원을 이해하는 데

도움이 될 것이다.

1. 지금까지 함께 일한 상사 중에 가장 좋았던 상사는 누구인가?
2. 지금까지 함께 일한 상사 중에 최악의 상사는 누구인가?
3. 이전의 직장을 그만둔 이유는 무엇인가?
4. 일의 어떤 부분이 생산성을 저하시키는가?
5. 나 때문에 생산성이 저하되는 일이 있다면 구체적으로 예를 들어줄 수 있는가?
6. 일에서 흥미롭거나, 도전 욕구를 자극하거나, 동기를 부여하는 부분에는 어떤 것이 있는가? 혹은 스스로 자신의 성과를 자랑스러워할 수 있게 하는 면에는 어떤 것이 있는가?
7. 목표를 달성하는 데 내가 도와줄 수 있는 게 있다면 무엇인가?

정말로 대답을 듣고자 하는 마음으로 이런 질문을 하는 데에는 시간이 걸리지만 참여의식이 강한 직원은 생산성이 높고, 한 직장에서 오래 근무하며, 리더와 조직의 성공을 위해 기꺼이 어떤 일이라도 해낼 마음이 훨씬 강하다.

> "모든 인간의 가장 기본적인 욕구는 다른 사람을 이해하고, 또 다른 사람들로부터 이해 받는 것이다. 사람을 이해하는 가장 좋은 방법은 그 사람의 말을 경청하는 것이다." – 랄프 니콜스

19 일과 생활이 균형을 이룰 수 있게 도움을 줘라
전미연설가 협회 최고영예상과 전문연사상을 수상한 바

있는 테리 폴슨은 작가이자 동기부여 분야의 연설가로서 과거 전미연설가 협회의 회장을 역임하기도 했다. 그는 프로그램 참가자들에게 '삶을 유지할 수 있게 하는 것keeper'을 적으라고 한다.

'삶을 유지할 수 있게 하는 것'은 다른 사람들로부터 알게 된 것으로 삶에 적용하면 도움이 될 것 같은 것들을 말한다. 내(피터)가 테리 폴슨으로부터 배운 '삶을 유지할 수 있게 하는 것' 중에는 각종 표를 사는 게 있다. 그렇게 하면 거의 항상 일이나 일상으로부터 잠시나마 벗어날 수 있다. 테리 폴슨에게서 얘기를 들은 이후로 난 휴가를 준비할 때 최소한 6개월 전에 미리 표를 사둔다.

평생 가보고 싶은 곳의 목록을 만들어라. 또 스포츠 경기, 콘서트, 게임 등 보고 싶은 것들의 목록도 만들어라. 다음은 쉽다. 그냥 표를 사면 된다. 인터넷에 들어가면 금방 일 년치 표를 살 수 있다. 크루즈 여행을 예약하고, 도로 여행을 계획하고, 비행기 표를 예매하고, 호텔을 예약해라. 난 여행 비용을 미리 지불하는 것도 좋아한다. 여행이나 행사에 많은 것을 걸어놓을수록 어느 것도 가족과 함께 시간을 보내는 것을 방해하지 못할 가능성이 커진다. 또한 연극을 보러 가거나 저녁 식사 예약을 하러 가는 것과 같이 비용이 덜 드는 행사도 미리 계획할 수 있다.

직원들이 일과 사적인 생활 사이에 균형을 유지할 수 있도록 도움을 주는 것이 중요하다. 팀원들이 '표 구매'를 하고 그 표를 사용하기 위해 적절한 시간을 낼 수 있도록 해라. 휴가에서 돌아온 직원들에게 직장을 떠나 있는 동안 뭘 했는지 간단하게 얘기해달라고 하는 것도 재미있을 것이다.

일 중독자는 조직이나 가족 생각을 하지 않는다. 그런 사람은 업무를 위임하고 조직의 역량을 강화하기 위해 다른 사람의 멘토 역할을 하는 데 취약한 경향이 있다.

가서 표를 사라!

> "꿈을 실현하기 위해 열심히 노력하는 게 중요한 때가 있다. 그러나 가끔 씩은 시간을 내서 무지개의 어느 색을 타고 미끄러져 내려올까 고민하는 걸 하루의 가장 중요한 결정으로 삼는 것도 필요하다." - 더글라스 페이겔스

20 회사에 새로운 피로 생명력을 불어넣어라

다양성은 오래 전부터 팀의 성공과 밀접한 관련이 있어왔다. 이런 생각 뒤에는 다양한 관점이 궁극적으로 보다 나은 해결책으로 이어지고, 나아가 보다 큰 성공으로 이어진다는 생각이 자리 잡고 있다. 이런 일반적인 생각이 정말 사실일까? 노스웨스턴 대학에서는 다양성이 정말로 팀의 성공에 도움이 되는지 연구에 나섰다. 〈사이언스〉 지에 발표된 연구 결과에 따르면 다양성이 중요하기는 하지만 우리가 '다양성'이란 단어를 들었을 때 떠올리는 인종, 연령, 성별, 사회경제적 지위, 종교 같은 문제는 팀의 성공을 가늠하는 가장 중요한 요소는 아니라고 한다.[4]

그렇다면 중요한 요인은 대체 무엇일까? 노스웨스턴 대학에서는 성공한 팀과 그렇지 못한 팀을 비교하여 두 가지 사실을 밝혀냈다.

- 성공한 팀에는 해당 분야의 '경험자'와 '초보자'가 섞여 있었다.
- 성공한 팀에는 팀에 들어오기 전까지 '한 번도 같이 일한 적 없는 숙련된 소수의 베테랑'이 섞여 있었다.

두 번째 내용이 참 흥미롭다. 어떤 분야에서 베테랑이라고 정평이 난 사람은 대개 자존심이 매우 강하고, 그런 사람은 다른 사람과 협력해서 일하는 데 취약하다고 생각되는 경우가 많기 때문이다. 따라서 우수한 팀을 결정하는 요소는 다른 경험 많은 베테랑들과 함께 일하며 뭔가를 배우고자 하는 강한 열의를 지닌 소수의 베테랑을 한 팀으로 묶는 것이다. 모든 성공적인 스포츠 팀에는 신참내기뿐만 아니라 베테랑 선수들이 정교하게 섞여 있다.

역사적으로 신용조합은 은행 경력이 있는 사람은 절대로 채용하지 않았다. '은행과는 다른 존재'라는 점이 신용조합의 마케팅 포인트이기 때문이다. 반면 은행은 신용조합의 비영리적 지위를 공략하기 위해 엄청난 자금을 써왔다. 샌디에이고 카운티의 거대 금융기관인 노스아일랜드 신용조합의 CEO 마이크 마스락은 조직에 새로운 피를 수혈하는 게 경쟁력에 얼마나 도움이 되는지 잘 알고 있다. 그는 신용조합의 전통을 깨고 은행 경력이 풍부한 사람들을 뽑아 샌디에이고 카운티 금융시장에서 노스아일랜드 신용조합을 성장시키는 데 일조하도록 했다. 그 결과는 상당히 긍정적이었다.

여기에서 얻을 수 있는 중요한 교훈은 단순히 새로운 피를 수혈하는 것만으로는 충분하지 않다는 거다. 새롭되 '제대로 된' 피여야 하는 것이다. 세심한 선발 과정을 거쳐야 회사에 새 생명을 불어넣을 완벽한 조합을 찾을 수 있을 것이다.

> "사람들은 잘 아는 사람, 전에 함께 일해본 사람과 같이 또 일하고 싶어 하는 경향이 있다. 이건 절대로 해서는 안 되는 일이다." - 루이스 애머럴

21 닻을 끊어라!

조직의 변화와 관련하여 우리는 세 가지 종류의 사람이 있다고 생각한다. 앞으로 나아갈 수 있게 하는 사람, 방향을 조종하는 사람, 그리고 닻을 내리는 사람 말이다. 앞으로 나아갈 수 있게 하는 사람은 비전 실현을 위한 방향으로 전진하는 데 도움이 되는 긍정적인 에너지를 만들어낸다. 방향을 조종하는 사람은 배의 뒤에서 배가 나아갈 수 있도록 한다. 이들은 추진력을 주지도 않지만 전진하는 데 방해가 되지도 않는다. 약간의 긍정적인 에너지와 더불어 분명한 방향 감각으로 이들은 가야 할 곳까지 길잡이가 되어줄 것이다.

그 다음은 닻을 내리는 사람이다. 지금까지 살아오면서 나는 두 번 배를 산 적이 있다. 한번은 배를 움직이려는데 닻이 진흙에 빠진 적이 있었다. 우리 셋은 배의 앞머리로 가 함께 닻을 끄집어내려고 노력했다. 전기 윈치를 써도 닻을 꺼낼 수 없었다. 약 20분쯤 후 친구 중 하나가 이렇게 말했다. "그냥 닻을 잘라버리는 게 어때?" 난 이렇게 대답했다. "안 돼! 여기에 돈을 얼마를 들였는데. 절대로 닻을 자를 수 없어. 바닥에 빠졌으면 꺼내야지." 우리는 뱃머리를 돌려 엔진의 힘으로 닻을 꺼내보려 했다. 결국 나는 물러섰고 이렇게 명령을 내렸다. "닻을 잘라!" 닻을 자르고 나서 우리는 원하는 방향으로 갈 수 있었다.

시간을 들여 코칭도 하고, 상담도 하고, 교육을 했음에도 불구하고 조직의 '닻'이 변화를 꺼린다면 그들을 잘라라. 그리고 그들이 경쟁업체에 가도록 내버려두어라. '닻'에 너무 많은 시간을 쏟지 말고 끊임없이 변화하는 경영 환경에 기꺼이 적응하고자 하는 마음이 있는 사람들을 육성하는 데 집중해야 한다. 변화에 저항하는 사람 한두 명을 내보내는 즉시 남은 사람들은 이렇게 말할 것이다. "이제 새로운 걸 배우고 달라질 수 있습니다."

방법이 중요하다. 분명하게 기대하는 바를 전달하면서 코칭과 훈련을 제공하는 과정 없이 닻을 자르면 조직에 공포 분위기가 조성될 수 있다. 조직에 공포 분위기가 조성되면 닻이 아니라 최고의 직원이 가장 먼저 회사를 떠난다는 게 문제다. 닻을 제거하는 일이 반드시 필요하다고 생각되면 계획에 따라 신중하게 처리해라.

> "어떤 사람은 의지가 있고 어떤 사람은 의지가 없는 게 아니라 어떤 사람은 변화할 준비가 되어 있는데 어떤 사람은 그렇지 않은 것뿐이다."
> – 제임스 고든

22 회사 혹은 부서에 신입사원을 정식으로 소개해라

자기계발에 관한 앤서니 로빈스의 세미나와 비디오, 강연은 25년이 넘는 세월 동안 거의 5천만 명의 사람에게 도움을 주어왔다. 캘리포니아 주 샌디에이고에 있는 앤서니 로빈스 컴퍼니의 직원 수는 200명이 넘는다. 매 분기마다 전 직원이 참석하는 회의에서 최고위급 임원진은 회사의 성공과 기회를 다시 살피고, 전략적 목표를 전달하며, 직원 인식조사 결과를 토대로 취해진 조치들을 검토한다.

분기 회의에서는 신입사원 한 명, 한 명을 소개하여 모두가 그 사람이 어떤 사람이고 앞으로 어느 부서에서 일하게 될지 알 수 있게 한다. 우리와 일하는 많은 조직에서는 신입사원이 들어오면 맨 첫 단계로 위와 같은 행사를 치른다. 그 다음이 아주 인상적이다. 간부가 신입사원에게 직원들이 일하러 오고 싶은 곳을 만들기 위해 팀이 열심히 노력하고 있으며 이런 환경에서 일할 최고의 직원을 고용하려 애쓰고 있다고 말한다. 그리고 이렇게 덧붙인다. "최고의 직원은 직장을 선택할 수 있다는 걸 알고 있습니다. 어째서 앤서니 로빈스 컴퍼니에서 일하기로 했는지 듣고 싶네요." 그러면 모든 신입사원이 각자 회사에 들어오게 된 이유를 설명한다.

이를 통해 분명하게 네 가지가 달성된다. 첫째, 모든 직원에게 회사가 최고 인재를 채용하려고 한다는 걸 다시 한 번 깨닫게 할 수 있다. 둘째, 모두가 최근에 팀에 합류하게 된 사람을 볼 수 있다. 셋째, 이런 소개 과정을 통해 신입사원은 회사가 자신을 중요하고 소중하게 여긴다는 느낌을 받게 된다. 마지막으로 전 직원이 대개 '성장하고 싶어서' 혹은 '다른 사람을 돕는 회사에서 일하고 싶어서'라는 신입사원의 입사 이유를 듣게 됨에 따라 모두의 사기도 진작된다.

신입사원을 정식으로 소개하지 않는 조직이나 팀이 있다면 꼭 이렇게 해보라고 권하고 싶다. 하지만 여기에 그쳐서는 안 된다. 신입사원에게 다른 직장을 선택할 기회가 있었는데도 불구하고 이곳에 왔다는 걸 알고 있다고 얘기하고 다른 팀원에게 이 회사를 택한 이유를 들려주었으면 좋겠다고 해라.

> "사람이 먼저고 그 다음이 돈, 그 다음이 일이다." – 수즈 오먼

열쇠 4
기억해라: 우리는 같은 팀이다

조직에 속한 모든 사람은 회사의 비전이 뭔지 알아야 한다. 그러나 모든 사람이 그 비전을 향해 각기 움직인다면 조직의 목표를 달성하

기란 매우 어려울 것이다. 팀워크는 모든 사람이 함께 움직이는 걸 뜻한다. 최고의 조직에서는 직원 중 92퍼센트가 자신의 기업이 팀워크를 매우 중시한다고 강하게 대답했다. 최고 조직에 속한 직원의 89.9퍼센트가 자신의 부서는 팀워크가 매우 좋다고 응답한 걸로 봤을 때 기업의 이런 태도는 실천으로 잘 옮겨지고 있는 듯하다. 팀워크가 이루어지는 환경을 조성하는 일은 리더가 할 수 있는 가장 중요한 일 중 하나다.

23 정기적으로 자주 만남을 가져라

리더가 가장 대처하기 곤란한 상황 중 하나는 직원이나 동료가 "굳이 만날 필요는 없습니다"라고 말할 때다. 사람들이 자신을 좋아해주길 바라는 리더는 직원, 동료의 생각을 존중해서 미팅 약속을 취소한다. 우리의 경험상 갈등이 일어나는 팀, 목표에 대해 의견 일치를 보지 못하는 팀, 문제 해결을 위한 합의에 이르지 못하는 팀은 서로 만나는 걸 좋아하지 않는다. 리더는 "굳이 만날 필요는 없습니다"라는 말에 넘어가지 말아야 한다. 팀이나 조직에 문제, 갈등이 있으면 그 갈등이 해결될 때까지 더욱 자주 만남을 가져야 한다.

우리도 모두에게 시간 낭비에 불과한 만남이 있다는 데에 전적으로 동의한다. 관리자는 시간의 거의 절반을 이런저런 만남에 쓴다는 추정치도 있다. 조직의 최고위층으로 올라가면 업무 시간의 최대 85~90퍼센트가 회의에 사용되기도 한다. 관리자, 직원들이 자신이 참석한 회의가 완전한 시간 낭비였다고 말하는 경우는 흔하다. 하지만 회의는 참석한 사람들이 제 역할을 하지 못했을 때 혹은 필요한 사람들이 회의에 빠졌을 때에만 시간 낭비가 된다는 점을 명심해야 한다.

리더는 정기적으로 팀, 조직의 회의 일정을 잡아야 한다. 반드시 회의가 이루어질 수 있도록 팀이 얼마나 자주 만날 필요가 있는지 결정하고 날짜와 시간을 정하는 일은 팀의 다른 사람에게 일임해라. 생산적인 회의는 짧은 시간 동안 자주 만남을 가질 때 이루어지는 경우가 많다.

회의의 목표는 팀의 모든 사람이 같은 입장에서 같은 목표를 향해 나아가도록 하는 것이다. 일간, 주간, 월간 회의에서 논의될 내용에는 다음과 같은 것들이 있다.

- 지난 회의 이후 달성한 목표 검토하기
- 회사 전체와 부서의 목표가 일치하는지 검토하기
- 현재 당면한 어려움을 해결하고 발전할 기회를 살피기
- 팀원 개개인의 진전 상황을 업데이트하기
- 문제와 갈등을 해결하기
- 다음 주 혹은 다음 달 목표 및 계획 세우기
- 앞으로 팀에 영향을 미칠 새로운 정보 알리기
- 팀 전체 및 팀원의 성과 칭찬하기

다음에 나오는 방법들은 회의를 생산적으로 만드는 데 도움이 될 것이다.

- 안건을 설정해라.
- 안건 설정에 모든 팀원의 의견이 포함되도록 해라.

- 모든 팀원이 안건에 집중하도록 해라.
- 제시간에 시작해서 제시간에 끝내라.
- 준비를 잘한 팀원에게는 포상을 해라.
- 준비를 하지 않았거나 회의에 불참한 팀원을 코칭하고 상담해라.
- 실행에 옮겨야 할 내용을 회의록에 적어 모든 참석자에게 이메일로 보내라.
- 모든 팀원이 다음 회의에 준비할 수 있도록 실행에 옮겨야 할 내용을 추후 다시 확인해라.

곤란한 상황에 당당히 대처해라. 회의를 자주 열수록 성공적이고 대단히 생산적인 회의를 이끄는 리더로 인정받게 될 것이다.

> "10분 동안 말을 하려면 일주일 동안 준비를 해야 하지만 15분짜리 연설은 3일, 30분짜리 연설은 이틀을 준비해야 하고, 1시간짜리 연설은 지금 당장이라도 할 수 있다." - 우드로 윌슨

24 가재가 나갈 수 있게 해줘라

한 정부 기관의 공무원들과 인터뷰를 한 적이 있었다. 그들의 사기와 정신은 우리가 지금까지 총 30년 동안 컨설팅 일을 해오면서 함께 해온 팀 중 최악이라는 걸 금방 느낄 수 있었다. 흥미롭게도 그 기관의 리더 중 80퍼센트 이상이 향후 5년 내 은퇴 대상이었다. 실제로 몇몇은 이미 수년 전에 정신적으로 은퇴한 상태였고 초조하게 회사를 떠날 공식적인 날만 기다리고 있었다.

인터뷰 중간에 어떤 참가자가 이런 말을 했다. "우리 기관을 묘사하

는 데 딱 맞는 말이 있어요. 우린 양동이에 하나 가득 든 가재하고 똑같아요." 이런 비유를 들어본 적이 없는 우리는 그에게 자세히 설명해 달라고 했다. 그는 말을 이어나갔다. "저는 루이지애나 출신입니다. 가재잡이에 관한 속담이 하나 있죠. '가재가 담긴 양동이에는 뚜껑이 필요 없다'는 말이요. 가재 한 마리가 양동이 꼭대기로 올라가봤자 다른 가재가 그 가재를 다시 양동이 속으로 끌어내리니까요. 여기 분위기가 그렇습니다. 어떤 사람이 변화나 새로운 일에 흥미를 보여봤자 나머지 사람들이 그 사람을 아무것도 변화하지 않을 정부 기관에서 일하는 현실 속으로 끌어내리죠."

모든 조직에는 가재가 있다. 가재는 루이지애나에서는 참 맛있는 먹을거리이지만 팀원으로는 아니다. 다른 사람의 생명력을 빨아내고 팀의 사기와 정신을 파괴하는 가재 같은 팀원은 (1) 태도를 바꾸거나 (2) 팀에서 나가야 한다. 짧은 시간 안에 이 두 가지 방법 중 하나가 이루어질 수 있도록 하는 것이 리더가 할 일이다.

> "우리가 달라져서 상황이 나아질지 아닐지 확신할 수는 없다. 그러나 내가 확실히 말할 수 있는 건 나아지고 싶다면 반드시 달라져야 한다는 것이다." – 게오르그 리히텐베르크

25 누구의 탓도 하지 말고 목표를 향해라

창의적인 문제 해결을 장려하려면 문제가 파악되었을 때 그걸 누군가의 탓으로 돌리고 싶은 마음을 억눌러야 한다. 다른 사람 탓으로 돌리는 행위는 분위기를 흐릴 뿐이다. 사람들은 자신의 행동을 방어하려고 할 것이고, 그 결과 문제를 해결하려고 할 때 위험을 감

수하려는 노력과 더불어 창의력까지 마음껏 발휘할 수 없게 된다. 조직이나 부서가 '비난'에만 몰두하면 직원은 자신이 가진 자산을 숨기는 데 급급하게 된다. 따라서 문제를 파악하고 해결하는 데 더 긴 시간이 걸리게 된다. 남을 비난하면서 조직의 탁월함을 해치는 조직과 관리자는 다음의 두 가지 질문을 한다. "뭐가 잘못된 거지?" "누구 잘못이지?"

다음의 두 가지 질문으로 미래에 초점을 맞추는 편이 훨씬 더 생산적이다. "우리가 가야 할 곳은 어디지?" "어떻게 해야 그곳에 갈 수 있을까?" 참여의식이 강한 직원들은 세 번째 질문을 할 것이다. "제가 어떻게 도울까요?"

회의가 어떤 대상이나 사람을 비난하는 자리로 바뀌어버리는 걸 본 적이 있는 사람이라면 남 탓만 하는 토의가 어떤 건지 잘 알고 있을 것이다. 누구의 잘못인지에만 논의의 초점이 맞추어지면 아무것도 달성되지 않는다. 비난할 대상이 있는 한 그 대상이 '해결'되기 전까지 아무도 일에 개인적인 책임감을 느낄 필요가 없기 때문이다.

우리는 한 3분에서 5분 정도 누군가를 비난하는 이야기가 진행되도록 내버려둔 후 이런 질문을 해보라고 권하고 싶다. "이런 식으로 계속 논의가 이루어지면 우리가 뭘 달성할 수 있겠습니까?" 대부분의 경우 누군가가 이렇게 말할 것이다. "아무것도 안 되죠."

자신이 가진 에너지의 100퍼센트를 쏟아 앞으로 이루어야 할 목표에 집중하는 것, 그리고 그 목표에 도달할 계획을 세우는 것이 목표를 이루는 열쇠다. 남을 비난하는 자리에 끼어드는 건 시간 낭비에다 생산성을 저하시킬 뿐만 아니라 생산성 저하로 인해 재정적으로도 부정적인 여파를 일으킬 수 있다. 우리는 남 탓만 하는 행위가 가파른 언덕 아래로 눈덩이를 굴려 바위만 한 눈덩이가 언덕 아래로 굴러 떨어지는 걸 지켜보는 것과 비슷하다고 생각한다.

> "모든 비난은 시간 낭비다. 다른 사람이 얼마나 큰 잘못을 했든, 얼마나 그 사람을 비난하든 달라지는 건 아무것도 없다. 비난은 자신의 불행이나 좌절을 설명하기 위해 외부적인 이유를 찾으면서 초점이 자신으로부터 멀어지게 하는 것밖에 하지 못한다." – 웨인 다이어

26 유머감각을 지녀라

다른 사람과 일을 잘하려면 유머감각이 도움이 된다. 유머는 직장에서의 의사소통을 원활하게 하고 인간관계를 형성시킨다. 20년이 넘게 임원 코칭 서비스를 제공해오면서 보니 진짜 업무와 관련한 무능으로 해고당하는 임원은 전체 10퍼센트도 되지 않는 것 같다. 나머지 90퍼센트는 결속력이 강한 팀을 만들지 못하거나 다른 사람과 원만한 관계를 형성하지 못해 일자리를 잃는다.

유머와 웃음은 직장에서의 스트레스를 완화시키는 데 도움이 된다. 실제로 스트레스와 유머, 웃음을 동시에 느끼기란 불가능하다. 농담, 재밌는 일화, 비유 등으로 이루어진 좋은 유머는 듣는 사람의 기분을 좋아지게 하며, 유머를 전달하는 사람과의 유대감과 조직에 대한 애정을 강화시킨다.

1990년 6월 조지 H. 부시 전임 대통령의 영부인 바바라 부시는 웰즐리 대학에서 개회사를 해달라는 부탁을 받았다. 몇몇 학생들은 부시 여사가 웰즐리 대학이 원하는 독립적인 여성상을 대표하지 않는다고 생각하며 부시 여사를 연사로 선택한 것에 대해 반대했다. 불만을

품은 학생들은 부시 여사가 젊은 시절 잠깐 직장에 다닌 게 전부였기 때문에 부시 여사의 성공은 스스로 이룬 것이 아니라 남편의 지위 덕분에 얻어진 거라 생각했다.

부시 여사는 열렬한 환영을 받았고 졸업반 중 누군가는 언제가 대통령 영부인으로서 자신의 뒤를 이을 것이라고 하며 "남편이 잘 되기 바랍니다"라는 말로 연설을 끝마쳐 청중을 즐겁게 했다.

훌륭한 리더는 유머의 힘과 유머가 사람들에게 미치는 영향력을 잘 알고 있다. 웰즐리 대학에 자신의 연설을 반대하는 사람들이 있다는 걸 파악한 부시 여사는 유머를 사용하여 효과적으로 청중과 유대 관계를 맺을 수 있었다.

> "유머감각이 없는 사람은 스프링이 없는 마차와 같다. 길바닥에 있는 돌을 지나칠 때마다 덜컹거리는 마차 말이다." – 헨리 워드 비처

27 입을 다물고 다른 사람의 말을 들어라

최근 비행기로 뉴욕에 갈 일이 있었다. 나는 수하물 찾는 곳에서 짐을 기다리며 어떤 사람과 끝까지 남아있었다. 무슨 이유에선지 내 짐이 나오지 않았다. 짐을 기다리던 다른 사람은 화가 나서 수화물 분실 카운터로 달려갔다. 그러고는 카운터에 있는 직원에게 소리를 지르며 욕설을 퍼붓기 시작했다. 그는 직원에게 자신의 짐을 분실한 것에 대한 책임을 물어 항공사와 수하물 담당자, 기장, 수하물 분실 카운터 직원을 모두 고소하겠다고 대놓고 말했다. 마지막 말을 마치고 그는 직원의 면전에 이런 말을 내뱉었다. "당신, 내 말 듣고 있는 거요?"

직원 욜란다는 아주 부드럽지만 진지한 말투로 이렇게 대답했다. "손님, 지금 시간은 밤 12시 14분입니다. 현재 이 세상에서 손님의 분실물에 관심이 있는 사람은 두 사람밖에 없다는 걸 아실 필요가 있을 거 같네요. 그리고 저한테 그런 식으로 말씀하시는 바람에 그 두 사람 중 한 사람이 그 일에 급속하게 관심이 떨어지고 있다는 것도 아셔야 하고요."

정확한 정보는 경청의 중요한 측면이다. 그러나 직원이 일하러 오고 싶어 하는 환경을 만드는 일에서 남의 말을 경청해야 하는 데에는 또 하나의 이유가 있다. 다른 사람의 말을 경청하는 태도는 상대에게 내가 상대에 관심이 있으며 그의 의견을 소중하게 여기고 있다는 뜻을 전하기 때문이다.

다음에 나오는 다섯 가지 방법을 사용하면, 상대로 하여금 내가 상대에게 관심이 있고 상대를 소중히 여기고 있다고 느끼게 할 수 있다.

- 듣고자 하는 마음을 가져라. 많은 걸 배울수록 더 큰 발전을 이룰 수 있을 것이다.
- 굳이 말을 해야 한다면 질문을 해라. 넓은 범위에서 좁은 범위로 질문을 하다 보면 결국 최선의 결정을 내리는 데 필요한 정보를 얻게 될 것이다.
- 몸짓, 눈짓에 신경을 써라. 상대의 말을 잘 듣는 것도 중요하지만 말 뒤에 숨어 있는 태도나 동기를 이해하는 것도 마찬가지로 중요하다.
- 상대가 먼저 말을 하도록 해라.
- 상대가 말을 할 때 도중에 끼어들지 마라. 남의 말에 끼어드는 건 좋은 태도가 아니다.

"누군가의 말을 완전히 정신을 집중해서 들으면 말 자체뿐만 아니라 그 말이 전달하는 감정까지도 일부가 아닌 전체적으로 들을 수 있다."
— 지두 크리슈나무르티

28 팀 전체를 보려면 발코니에 서라

2005년과 2006년 피닉스선즈의 포인트 가드 스티브 내쉬는 NBA의 최우수 선수에게 주어지는 선망의 대상, 모리스 포돌로프 트로피를 2년 연속 수상한 몇 안 되는 선수가 되었다. 주목할 만한 점은 192센티미터의 스티브 내쉬가 NBA에서는 최단신 선수에 속한다는 점이다. 그는 리그 역사상 MVP 트로피를 여러 차례 수상한 유일한 포인트 가드로 매직 존슨 명예의 전당에 이름을 올렸다. 두 시즌 연속 MVP를 받은 선수는 그를 포함해 총 아홉 명에 불과하다.

스티브 내쉬가 2006년 MVP상을 받았을 때(NBA 초대회장 모리스 포돌로프를 기리며 첫 MVP상이 수여되기 시작한 지 50주년이 되던 해) 협회장 스턴은 이렇게 말했다. "스티브 내쉬는 스타지만 가장 중요한 점은 팀의 나머지 네 선수가 모두 매 경기마다 평균 두 자리 수의 점수를 낸다는 점이다. 그는 다른 선수들을 더 뛰어난 선수로 만든다."

스티브 내쉬가 그의 팀을 위대한 팀으로 이끌 수 있게 도와주는 것은 게임의 전체 상황에 신경을 쓰면서 경기를 할 수 있는 그의 능력이다. 그는 코트를 가로질러 달리거나 골대를 향해 이동할 때 마치 발코니에 올라서서 코트를 내려다보고 있는 것처럼 움직인다. 대부분의 선수들은 자신의 경기에 정신이 팔려 누가 수비수를 따돌렸는지 혹은 누가 패스를 받을 수 있는 상황인지 알지 못한다. 이 때문에 스티브 내쉬를 방어하기가 그렇게 어려운 것이다. 그가 늘 하듯 공을 패스하려고 한다고 생각하는 순간 그는 직접 슛을 날린다.

비즈니스 팀의 리더는 다음과 같은 능력이 있어야 한다.

- 전략적으로 사고하고 일을 완수한다.
- 조직 전체를 '큰 그림'으로 바라본다.
- 조직의 역사를 존중한다.
- 경제, 환경, 산업에서 일어나는 변화에 대한 시각을 확보한다.

훌륭한 리더는 자기 일의 전술적 측면을 살피면서도 보다 글로벌한 안목을 가질 수 있는 능력이 있어야 한다.

> "우리가 무엇을 찾고 있느냐에 따라 우리에게 보이는 것이 달라진다."
> – 존 러벅

29 다른 사람의 시간을 소중히 여겨라

사람들에게 내가 그들을 정말로 신경쓰고 있고 소중히 여긴다는 것을 표현할 수 있는 최선의 방법 중 하나는 그들의 시간을 존중하는 것이다. 우리가 그동안 함께 일한 임원 중에는 크랙베리(스마트폰 '블랙베리'의 별칭. 중독성이 강해 '마약'이라는 뜻을 지닌 크랙이라는 접두어가 붙음 - 옮긴이)에 완전히 중독된 사람들이 몇 명 있었다. 이런 사람들과 일대일 미팅을 하다 보면 30초마다 한 번씩 블랙베리나 트리오(스마트폰 상품명 - 옮긴이)를 꺼내 이메일을 확인하는 모습을 볼 수 있다. 더 안 좋은 경우, 이런 사람들은 우리를 보면서 "잠시만요"라고 하면서 메시지에 답을 하기도 한다. 이런 행동은 자기 시간과 자기가 사람들에게 내가 그들을 정말로 신경쓰고 있고 소중히 여긴다는 것을 표현할 수 있는 최선의 방법 중 하나는 그들의 시간을 존중하는 것이다.

답장을 보내는 사람의 시간이 우리 시간보다 훨씬 소중하다는 강한 메시지를 전달한다. 그리고 우리에게 이런 행동을 하는 사람들은 다른 사람에게도 똑같이 행동한다.

최근 어떤 관리자가 나와 미팅을 하고 있던 자리에서 이메일을 읽기 시작한 일이 있었다. 난 말했다. "인터넷으로 비아그라를 사라는 내용인가 보죠?" 깜짝 놀란 그는 나를 보면서 이렇게 말했다. "아니에요. 하지만 별로 중요한 일이 아닙니다. 나중에 답하면 돼요." 사람들에게 '나는 당신의 시간을 존중하지 않습니다'라는 걸 보여주는 놀라운 예가 또 하나 있다. 바로 미팅 중에 휴대폰의 전원을 꺼두지 않는 거다. 그것만으로는 전혀 문제가 아니라는 듯 개중에는 미팅이나 세미나 중에 전화를 받고 상대와 대화를 나누는 엄청난 수준의 건방짐까지 보이는 사람도 있다.

어느 일요일, 내가 다니는 교회에서는 예배 중에 전화를 받고 대화를 나누는 사람도 있었다. 그래도 이건 공중 화장실에서 휴대폰을 사용하는 사람들만큼 이상하지는 않다. 어느 날 화장실에서 옆 칸에 있던 사람이 세 번이나 "여보세요"라고 말했다. "네, 무슨 일이시죠?"라고 내가 대답하자 이런 말이 들려왔다. "나중에 다시 걸게요. 옆 칸에 있는 어떤 멍청한 사람이 나한테 말을 하려고 하네요."

다음에 나오는 내용은 조직의 사람들에게 내가 그들의 시간을 존중하고 있다는 걸 보여주는 방법이다.

- 다른 사람과 미팅을 하는 자리에서는 전화를 받지 않는다.
- 미팅 자리에서는 이메일을 확인하지 않는다.

- 미팅에 늦을 거 같을 때에는 만나기로 한 사람에게 전화를 걸어 사과를 하고 늦게 도착할 거라는 걸 알린다.
- 철저한 계획을 세워 직원들이 프로젝트에 적절한 시간을 할애할 수 있도록 한다.
- 긴급을 요하는 프로젝트가 아니면 직원이나 동료에게 언제 회의를 하는 게 좋을지 물어본다.
- 사람들에게 시간을 내준 것에 대해 감사하다는 표현을 한다.
- 사람들이 도움을 필요로 할 때 가능하면 시간을 내준다.
- 일을 하는 데 사람들의 도움이 필요하게 되면 그들이 알 수 있도록 이메일을 보낸다. 이메일을 보낼 때에는 구체적으로 어떤 도움이 필요한지를 밝힌다.

> "시간은 우리가 가진 것 중 가장 귀중하면서 가장 상하기 쉬운 것이다."
> – 존 랜돌프

30 펄떡이는 물고기처럼 신나는 시간을 보내라!

일을 '이것만 빼고 다른 어떤 것이라도 하는 게 나은 것'이라고 냉소적으로 정의하기도 한다. 그렇게 많은 시간을 직장에서 보내면서 일이란 게 원래 힘들고 지겨운 거라고 생각하는 건 부끄러운 일이다. 다행히도 그 반대 역시 사실이다. 일을 사랑하고 일을 재미있어하면 일은 더 이상 일이 아니게 된다. 한 연구에 따르면, 흥미롭게도 유머감각을 지닌 직원은 융통성이 있고 스트레스를 덜 받기 때문에 일도 더 잘한다고 한다. 모든 취업 면접에서는 이 점이 당연히 고려되어야 한다.

그렇게 하면 인재를 찾을 수 있을 뿐만 아니라 재미있는 직장 환경을 만드는 데에도 도움이 된다. 2000년 스티븐 C. 런딘 박사와 해리 폴, 존 크리스텐슨은 베스트셀러『펄떡이는 물고기처럼』을 썼다. 이 책에는 시애틀의 파이크 플레이스 어시장이 나온다. 이곳에서 일하는 사람들은 서로 그리고 손님들과 농담을 주고받는다. 재미도 작업의 일부로 여기기 때문에 서로에게 생선을 집어 던지기까지 한다.

한 연구에 따르면 흥미롭게도 유머 감각을 지닌 직원은 융통성이 있고 스트레스를 덜 받기 때문에 일도 더 잘 한다고 한다.

어떤 직장도 재미있을 수 있다. 직장에서 즐거운 시간을 보내느냐 마느냐는 모든 사람의 선택 사항이다. 재미있는 분위기를 만드는 몇 가지 필수 요건은 다음과 같다.

- 업무 환경에서 재미가 중요한 요소로 높이 평가받아야 한다.
- 재미가 일상 업무의 일부가 되어야 한다.
- 재미에 대한 계획을 세워야 한다. 팀을 모아서 '재미' 이벤트가 담긴 달력을 만들도록 해라.
- 재미있는 생각을 해라! 유머를 사랑하는 사람은 끊임없이 자신을 표현할 기회를 찾을 것이다.

미국에서 가장 규모가 큰 농축산물 품평회 중 하나인 샌디에이고 농축산물 품평회의 총책임자 팀 펜넬은 재미의 중요성을 잘 알고 있다. 그는 조직의 전략 계획 워크숍에서 4시간을 내어 전체 경영진에게 카트 레이스를 하러 가도록 했다. 다음 날 아침 팀의 모든 사람들은 서로 경주를 하고 팀원을 응원하면서 얼마나 즐거운 시간을 보냈는지 이야기꽃을 피웠다.

업무 시간을 즐기는 아이디어에 도움이 될만한 책에는 데이브 헴사스와 레슬리 여키스가 쓴 『직장에서 즐겁게 일하는 301가지 방법 301 Ways to Have Fun at Work』이 있다.

"궁극의 경지는 일과 놀이의 경계를 없애는 것이다." - 아놀드 토인비

31 지역사회를 위해 의미 있는 일을 해라

사람들은 좋은 명분이 있는 일을 하고 싶어 한다. 지역사회 조직을 도우면 마스터카드가 말하는 '값을 매길 수 없는' 멋진 기분을 느낄 수 있다. 같은 팀원끼리 10킬로미터 마라톤을 뛰든, 아니면 3일 동안 100킬로미터 함께 걷기 대회에 나가든 좋은 명분을 위해 함께 보낸 시간은 단결심과 팀워크를 형성시킨다. 또한 조직에 따스한 열정과 가슴이 살아있다는 것도 보여준다.

우리가 웰스 파고 모기지 리소시즈와 보낸 이틀짜리 워크샵을 예로 들 수 있겠다. 첫 번째 날이 끝날 무렵 우리는 모두 버스에 올라타 샌디에이고 시내 빈민촌에 있는 노숙자 쉼터로 갔다. 쉼터에는 집이 없는 엄마와 어린 아이들이 함께 머물고 있었다. 수석 부사장 캐슬린 본은 팀 리더들과 함께 저녁 식사와 잠자리를 준비하고, 아이들에게 책을 읽어주고, 엄마들과 많은 인생 얘기를 나누었다.

집 없는 아이들의 모습을 보면 마음이 몹시 아프다. 이 경험은 컨설턴트이자 아이들의 부모인 우리에게 많은 것을 느끼게 했다. 아이들은 정말 놀라울 정도로 힘든 상황에서도 씩씩하게 잘 지낸다. 쉼터에서 살아야 한다는 사실 때문에 실의에 빠져있는 아이는 단 한 명도 없

었다. 아이들은 행복했고, 건강했으며, 누군가가 책을 읽어주고 노래
를 불러준다는 사실에 매우 신났다. 컨설턴트인 우리는 첫날에는 그
저 좋은 정도였던 팀워크가 전날 밤 노숙자 쉼터에서 있었던 경험으
로 인해 둘째날 엄청나게 강해진 걸 느낄 수 있었다. 팀원 전원이 비록
하룻밤이었지만 넓은 가슴으로 공동체에 무언가를 했다는 사실과 누
군가의 삶에 도움이 될 수 있었다는 사실에 정말로 뿌듯함을 느끼고
있다는 게 보였다.

> "남에게 무언가를 주는 일을 의무가 아닌 특권으로 생각해라."
> – 존 D. 록펠러 주니어

창조적 활동 – 지속적인 개선과 혁신

혁신은 최고 기업 기준점에 속하는 조직과 전체 기업 기준점에 속
하는 조직 사이에 나타난 가장 큰 차이점 10가지 중 하나이다. 최고
기업은 혁신 그리고 혁신과 함께 나타나는 개선된 품질, 효율적인 업
무 프로세스, 경쟁력이 혁신적인 인재를 이용하고 그들에게 보상을
함으로써 나타난 결과라는 걸 잘 알고 있다. 최고 기업의 직원 중 79.5
퍼센트는 자신의 기업이 혁신적인 아이디어를 장려하며, 이것이 높은
기업 경쟁력의 비결일 거라고 답했다. 또한 직원의 84.5퍼센트는 최
고 기업에서는 혁신적인 아이디어를 내는 직원이 인정을 받는다고 생
각하고 있었다. 이것은 참신한 아이디어가 회사 전체에 흘러 고객에
게 도달할 수 있게 하는 확실한 열쇠다.

32 훌륭한 리더는 직원을 불편하게 만든다

그렇다. 훌륭한 리더는 직원을 가만히 놔두지 않는다. 전통이 깊고 장기간 근무한 직원이 많은 조직일수록 관리자에게 빠른 변화가 싫다는 압박을 가하는 직원도 많을 것이다. 그래야 편하기 때문이다. 전통적인 방법을 따르는 강한 역사를 지닌 회사에서 일하는 직원들이 즐겨 쓰는 말이 있다. "우리는 변화에 반대하는 게 아닙니다. 그저 빠른 변화가 싫을 뿐입니다." 그 다음으로 많이 나오는 말은 이렇다. "모든 변화가 좋은 건 아닙니다."

이런 말에 관해 할 말이 있다. 우선 "우리는 그저 빠른 변화가 싫을 뿐입니다"라고 말하는 사람은 변화 자체를 싫어하는 듯한 태도를 보인다. 사무실을 이전할 거라는 말을 6개월 미리 하나, 이전 당일날 하나 이런 사람은 똑같이 화를 낼 것이다. 둘째, 모든 변화가 좋은 건 아니라는 점에는 모두가 공감한다. 그러나 전통을 고수하는 사람은 변화 없이는 절대 조직의 발전도 있을 수 없다는 걸 깨닫지 못하고 있다.

IT 부서가 경영진이나 타부서의 요구사항에 대해 전혀 아무런 조치를 취하지 않는다는 평을 듣고 있는 회사와 함께 일한 적이 있었다. IT 부서 사람들은 개인적으로 관심이 있는 프로젝트만을 추진하고 있었다. 게다가 자신들의 일자리를 지키기 위해 회사의 장기 목표에 더 이상 맞지 않는 기술을 고집하고 있었다. 부사장은 자신의 부서가 회사에 도움이 되지 않는다는 걸 알고 있었지만 그가 변화를 시행하려고 할 때마다 팀원들이 반발을 하고 나섰다. 그 부사장의 직함은 부사장이 아니라 거의 '인질'에 가까웠다.

또 다른 어떤 조직에서 '조직 변화로부터 살아남아 발전하기'란 제목의 세미나를 연 적이 있었다. 세미나가 끝나자 어떤 직원이 화가 난 채로 우리에게 다가와 이렇게 말했다. "당신네들이 무슨 권리로 우리 경영진한테 직원을 가만히 두지 않는 게 경영진이 할 일이라고 하는 겁니까? 우리 회사 경영진은 그렇지 않아도 우리 일이 얼마나 힘든지 전혀 모르고 있단 말입니다." 그 직원이 갖고 있는 진짜 문제는 이럴 수도, 저럴 수도 없는 상황에 빠진 것이었다. 그는 자신의 일을 좋아하지 않았다. 고객이 요구하는 서비스 수준이 자꾸 높아지고 있는 상황에서 그는 형편없는 고객 서비스를 제공하고 있었다. 이 이야기는 그 직원이 결국 경쟁업체로 가버리면서 간단하게 끝이 났다.

3년에서 5년 이상 직원들을 편안하게 가만히 내버려둔 리더는 대개 일자리를 잃는다고 말하면 보다 현실적일 듯하다. 리더가 변화를 시도할 때마다 단지 변화가 싫다는 이유로 팀원들이 반대하고 나섰기 때문에 이런 일이 일어나는 것이다. 이런 리더는 직원과 맞서 그들로 하여금 변화에 적응하도록 하지 않고 뒤로 물러나 직원들이 그저 평상시 하던 대로 일을 하게 내버려둔다. 3년에서 5년 후 그 부서 혹은 팀은 세상과 너무 동떨어지게 되어 유일한 대책이라고는 리더를 내보내는 일밖에 없게 된다. 이런 극단적인 조치는 리더가 기본적인 변화를 시행에 옮기는 데 필요한 관계조차 직원과 맺지 못했기 때문에 일어난다.

기준을 높여라. 직원에게 책임을 물어라. 변화의 속도를 높여 경쟁업체보다 우위에 서라. 훌륭한 리더는 사람을 가만히 놔두지 않으며 현 상태에 만족하도록 내버려두지 않는다.

"할 수 없는 일 때문에 할 수 있는 일을 하지 못하게 되는 일은 없어야 한다." - 존 우든

33 혁신을 통해 경쟁자보다 앞서 나가라

2006년 보스턴 컨설팅 그룹에서는 가장 혁신적인 기업 25개를 분석하여 이들의 수익성이 다른 기업에 비해 높은지 살펴보았다. 〈비즈니스 위크〉가 스탠다드 앤 푸어스 컴퓨스태트S&P Compustat 데이터를 이용하여 실시한 그 연구에 따르면 혁신적이라는 명성이 기업에 이득이 되는 것으로 밝혀졌다. 혁신적인 기업은 1995년 이후 이윤 마진이 연간 3.4퍼센트씩 성장했지만 비교의 대상이 된 S&P 글로벌 1200 기업들은 연간 0.4퍼센트 성장에 불과했다. 10년 간 혁신적인 기업들의 연간 주식 수익률은 S&P 1200 기업들에 비해 3퍼센트 높은 14.3퍼센트였다.[5]

성공의 비결은 혁신의 잠재력이 높은 직원에게 혁신적인 생각을 지닌 멘토를 붙여주고 이들에게 아이디어를 실행에 옮길 수 있는 기회를 주는 것이었다. 직원은 혁신을 실행에 옮김으로써 발전하려고 노력하는 조직에서 일하고 싶어 한다. 3M은 매우 혁신적인 직원으로 구성된 칼튼 협회Carlton Society를 만들어 이들이 회사 전체에서 조언자 역할을 하도록 했다. 또 P&G는 '열린 혁신'을 장려하는 연계개발Connect+Develop 프로그램을 시작했다. 애플 컴퓨터는 초창기에 혁신에만 몰두하는 애플 펠로우Apple Fellows 프로젝트 팀을 구성했다. 혁신에 전념하고 조직의 모든 사람들에게 이런 노력을 분명히 했기 때문에 브랜디brandy, 엑스레이, 페니실린, 실리 퍼티Silly Putty, 포테이토 칩, 전자레인지 같은 혁신이 우연히 나올 수 있었던 것이다.

기업 혁신을 보여주는 최고의 예로, 온라인 메일 주문 DVD 대여 회사 넷플릭스를 들 수 있다. 1999년 넷플릭스는 블록버스터나 헐리우드 비디오(미국의 DVD 대여 체인명 - 옮긴이)로 차를 운전해서 가는 것보다(대여 기한이나 연체료 없이) DVD를 온라인으로 주문하는 편이 훨씬 편리할 거라는 결론을 내렸다. 2006년 넷플릭스의 가입자 수는 7백만 명이 넘었다. 100명이 모인 최근의 어떤 세미나에서 우리는 이런 질문을 했다. "지난달에 블록버스터나 헐리우드 비디오에 가셨던 분 계신가요?" 11명이 손을 들었다. "지난달에 넷플릭스나 그밖에 다른 온라인 서비스에 가입해서 우편으로 DVD를 받으신 분은 몇 분이나 되죠?" 37명이 손을 들었다. 88세의 우리 아버지조차 넷플릭스에서 빌려본 DVD 수가 104개나 된다. 우수 서비스 상을 수상한 혁신적인 고객 서비스로 넷플릭스는 블록버스터와 헐리우드 비디오를 제칠 수 있었던 것이다.

그 다음엔 저작권 보호를 받는 음악의 불법 다운로드가 불가능하다는 확신이 들 때까지 디지털 뮤직 플레이어를 출시하지 않은 소니를 들 수 있다. 목표가 아주 달랐던 애플은 효과적으로 디지털 음원을 다운로드, 저장, 재생할 수 있는 기술을 만드는 데 초점을 맞추었고, 그 결과 아이팟이라는 새로운 역사를 쓸 수 있었다.

기업 묘지에는 성공으로 가는 방법을 갖고 있었음에도 불구하고 고객이 앞으로 원할 제품이나 서비스를 예측하거나 생산하지 않았던 기업들로 가득 차 있다.

혁신을 통해 경쟁자보다 앞서 나가라.

"앞서 나아가는 사람과 뒤따라가는 사람을 가르는 차이는 혁신이다."
– 스티브 잡스

34 자신이 먼저 바뀌어라

이 급변하는 시대에 한 조직의 리더가 된다는 것은 어렵고 가끔씩은 당혹스러운 일처럼 느껴진다. 지난 10년 동안 모든 조직은 급속한 성장이나 축소, 비용 증가와 이윤 감소, 시장 확대나 시장 와해, 경쟁 심화 등을 통해 변화의 여파를 느껴왔다.

모든 지표들은 급격한 경제적 변동, 엄청난 경쟁 압박, 시장의 세계화, 세계 경제 판도의 변화 등에 의해 앞으로도 기업들이 계속해서 어려움을 겪을 거라는 걸 보여준다. 간단하게 말해 변화는 현실이고 이런 현실을 받아들이지 않는 기업은 이 '불안정의 시대'를 살아남을 수 없다.

기억해야 할 가장 중요한 것은 기업이 변화하는 게 아니라는 것이다. 변화는 기업에서 일하는 사람들이 개인적인 차원에서 하는 것이다. 사람이 변할 때 조직 역시 변화할 힘이 생긴다. 불행히도 모든 직원이 현 상태를 변화시키는 것에 대해 "멋지다! 또 회사가 달라지네. 나도 정말 참여하고 싶어!"라는 태도를 보이는 건 아니다.

고집 센 직원은 공룡과도 같다. 이들은 멸종되어 가면서도 계속 싸울 것이다.

우리가 그동안 파악한 바에 따르면 조직에 변화가 시행되거나 변화의 소문이 돌 때 대개의 리더는 다음과 같은 세 가지 방식 중 하나의 반응을 보인다.

첫째, 고집 센 리더 중에는 가슴속 깊이 변화가 조직에 최선의 방법이라는 걸 알면서도 변화에 맞서 싸우는 리더가 있다.

두 번째 유형의 리더는 "기다려보자"는 입장을 취한다. 이런 리더는 자신이 변화에 직접적인 영향을 받지 않을 거라고 생각하기 때문에 조직의 변화에 맞서 싸우지 않는다. 이들은 튼튼한 방어막을 치고서 변화가 자신을 그냥 스쳐지나가길 바란다.

마지막으로 세 번째 유형의 리더는 미래를 정확하게 파악하는 능력과 그에 적응하는 유연성을 지니고 있다. 대개 이들은 변화를 좋아하고 조직에 변화가 필요하다는 점을 미리 예상한다.

리더는 다른 사람의 역할 모델이다. 리더가 보이는 태도는 전염성이 강하다. 리더가 변화의 필요성을 예상하고 변화의 역할 모델을 기꺼이 받아들이면 공룡은 알아서 변하거나 멸종될 것이다.

> "가장 중요한 것은 언제라도 미래를 위해 현재의 모습을 희생할 수 있는 것이다." - 샤를 뒤부아

35 새로운 변화를 주도하는 역할 모델이 되어라

진정으로 세상에 존재하는 유일한 변화는 사람의 변화다. 당신은 사람들에게 변화를 강요할 수는 없지만 변화의 노력을 주도하고 그 노력의 역할 모델이 될 수는 있다. 그렇다면 리더로서 당신은 지난해에 어떤 구체적인 것들을 변화시켰는가? 리더가 변화하지 않으면서 팀원에게 변화가 필요하다고 말할 수는 있다. 하지만 리더는 그대로이면서 팀원만 변하는 일은 없다. 조직의 변화를 도운 리더가 사용한 다음의 방법을 따르면 직장의 탁월함을 발전시킬 수 있을 것이다.

변화 과정에 직원들을 참여시켜라. 직원들이 싫어하는 것은 강제로 변화를 당하는 것이지 변화 자체를 그만큼 싫어하는 직원은 없다고

생각한다. 앞의 말이 뜻하는 바를 완전하게 이해하는 건 리더에게 매우 중요한 일이다. 변화의 과정에 직원을 빨리 참여시킬수록 변화를 더욱 잘 실행할 수 있을 것이다.

명령하지 말고 질문해라. 변화에 잘 적응하지 못하는 직원은 대개 '명령'을 싫어하는 사람인 경우가 많다. 따라서 이런 사람에게는 변화가 필요한 이유를 일방적으로 말하기보다는 질문을 하는 것이 효과적일 수 있다.

사람들 사이에서 리더 역할을 하는 부정적인 사람, 긍정적인 사람 모두를 참여시켜라. 대개의 관리자들은 정식 리더가 아닌데도 사람들 사이에서 리더 역할을 하는 사람 중에서 긍정적인 사람만을 변화의 실행에 참여시킨다. 이들이 경영진에 도움이 된다고 생각하기 때문이다. 하지만 변화의 시작 단계에 부정적인 리더를 참여시키지 않는 건 실수다. 부정적인 사람들은 대개 변화의 과정에서 제외되기 때문에 책임감이 부족하고 심지어는 변화를 방해하려고까지 하는 것이다. 이런 사람들을 참여시키면 이들은 다르게 행동할 것이다. 게다가 이들이 반대하는 이유, 우려하는 바를 알면 전략을 세우는 데에도 도움이 될 것이다. 마지막으로 이들이 우려하는 바를 해결할 수 있다면 회사 사람 전체에 변화를 설득시키는 데에도 도움이 될 것이다.

기대치를 높여라. 성과와 관련해서는 기대치를 낮추는 편이 보다 현실적일지 모르지만 이제는 자신이나 부하 직원에게 바라는 성과 수준을 높여야 할 때다. 직원은 변화가 일어나는 동안 자신의 업무 습관을 바꿀 가능성이 크다. 이 기회를 놓치지 말고 직원이 더욱 열심히 현명하게 일하도록 해라. 성과 개선을 요구하고 업무 과정을 더욱 어렵게 만들어라. 하지만 목표가 달성되지 못했을 때 직원이 느낄 수 있는 좌절이나 실망감이 없도록 목표는 항상 현실적이어야 한다는 점을 잊지 마라.

직원에게 책임감을 가져달라는 말을 해라. 일단 변화가 있을 거라는 발표가 있은 후에는 개인적으로 모든 직원에게 변화가 성공적으로 이루어질 수 있도록 최선을 다해달라고 부탁하는 것이 중요하다.

지나칠 정도로 의사소통해라. 변화가 일어나고 있는 동안에는 대개 회사의 의사소통 통로가 평소대로 잘 이루어지지 않는다. 이 시간 동안 직원은 이전 어느 때보다도 정보와 답변에 목말라 있을 것이다. 의사소통을 '강화'하는 방법에는 두 가지가 있다. 첫째, 직원에게 자신의 의견을 말할 수 있는 기회를 줘라. 둘째, 의사소통의 변화를 혼란스럽게 만드는 잘못된 소문이나 정보를 없애려고 노력해라. 명심해라, 세상에 지나친 의사소통이란 있을 수 없다는 것을.

긍정적인 자세를 유지해라. 리더의 태도는 직원들이 느끼는 회사 분위기를 결정하는 중요 요인이 될 것이다. 변화 자체만으로도 스트레스와 혼란이 야기될 수 있으니 긍정적, 낙관적, 열정적인 자세를 유지하려고 노력해라. 변화의 시간 동안 평소와는 다른 노력을 기울여야 하는 직원들에게 그만큼의 보상을 해라. 짧은 격려의 말을 적어서 직원의 책상 위에 놓아라. 또는 누군가의 보이스 메일에 다정한 메시지를 남기는 것도 좋다. 이메일로 감사나 격려의 글을 보내거나 직원을 따로 불러서 칭찬을 해주어라. 마지막으로 조직의 변화를 개인적인 도전으로 생각하게 해라.

미식축구 선수가 경기장에서 쿼터백을 본보기이자 정신적 지주로 삼듯 비즈니스라는 게임에서 직원은 리더에게서 이런 걸 바란다. 쿼터백이 팀 선수들에게 자신감을 불어넣지 못하면 팀의 공격은 제대로 이루어지지 않을 것이고 승리도 장담할 수 없게 된다. 오늘날 기업이 겪고 있는 불확실성이 점차 심화되고 있는 상황에서 미래는 도전이자 기회가 될 수 있다. 장애물을 극복하고 성공을 일구어내는 일은 리더의 책임이 될 것이다. 당신은 중역 회의실과 대차대조표 상에서 그러한 골대 지점end zone까지 팀을 이끌어 갈 것인가?

> "리더는 사람들이 가고자 하는 곳으로 그들을 이끌고 간다. 그러나 훌륭한 리더는 사람들이 가고 싶어 하는 건 아니더라도 반드시 가야 할 곳으로 사람들을 이끈다." - 로잘린 카터

36 직원의 아이디어, 제안, 건의를 장려하고 보상해라

많은 관리자들은 자신이 직원들에게 회사를 발전시킬 아이디어, 제안, 건의를 내라고 장려하고 있다고 생각한다. 몇몇 직원들은 실제로 의견을 내놓기도 한다. 그러나 매일 출근을 해서 자기가 맡은 일만 하고 퇴근하는 직원도 많다.

이런 직원은 매일 출근을 해서 긴 시간 동안 일을 하지만 굳이 생각은 하지 않는다. 몇몇 불만이 많은 직원은 이런 말까지 한다. "내가 굳이 머리까지 쓸 만큼 돈을 받지는 않아." 팀의 모든 사람이 어떤 일이

이루어져야 하는지, 특히 각 개인이 조직의 발전을 위해 무엇을 할 수 있는지 생각하지 않는 한 탁월한 조직은 만들어지기 어렵다.

우리가 인식조사를 한 최고의 조직들은 직원에게 아이디어와 제안을 하라고 장려만 하는 것이 아니라 이를 어느 정도 의무로 생각한다. 이런 회사들은 성과 관리 시스템에 이를 반영하여 멋진 생각을 해낸 직원에게 보상을 한다. 혁신적인 생각으로 보상을 받은 직원들은 계속해서 혁신을 위해 노력한다.

장려도 훌륭한 일이다. 하지만 기대 수준을 정하고 이런 기대를 충족시킨 직원을 인정하고 보상하는 일이 훨씬 더 훌륭하다.

> "스스로 경주에서 이기고자 노력하는 적극적인 말은 열심히 하라는 격려를 받은 말보다 훨씬 빠르게 달릴 것이다." - 오비디우스

37 보상 체계를 바꿔라

시장 경쟁력을 높이기 위해 회사가 달라져야 할 필요가 있는가? 그렇다면 가장 빠른 방법은 보상 체계를 바꾸는 것이다. 지난 세월 동안 보상해왔던 내용을 그대로 유지할 경우, 결과 역시 똑같을 가능성이 크다.

몇 년 전까지만 해도 변호사 시험을 통과하여 대형 법률회사에 들어가면 개인 비서나 업무 보조 인력을 지원받을 수 있었다. 그러나 법률회사의 체계가 잡히고 생산성과 수익성을 중시하게 되면서 사람들은 컴퓨터만 있으면 변호사마다 비서가 있어야 하는 건 아니라는 걸 알게 되었다. 기술의 도움으로 비서나 업무 보조 인력 한 명이 변호사 두세 명을 보조할 수 있게 된 것이다.

싸움이 나는 걸 보고 싶다면 변호사의 개인 비서나 업무 보조 인력을 없애면 된다. 비서, 업무 보조 인력, 변호사는 자신이 보유한 인적 자원을 다른 변호사와 공유하지 않으려고 싸울 것이다. 이 싸움은 법률회사가 보상 체계를 바꾸기 전까지 비서들이 이기는 전쟁이었다. 법률회사가 생산성을 기준으로 한 보너스 체계를 만들자 변화가 빠르게 나타나기 시작했다. 법률회사는 비서와 업무 보조 인력에게 변호사 한 명의 일만 처리하면 최대 5퍼센트의 보너스를 받을 거라고 했다. 그러나 변호사 두 명의 일을 처리하면 10~15퍼센트의 보너스를 받을 수 있을 거라고 했다. 그리고 마지막으로 변호사 서너 명의 일을 처리할 수 있는 비서, 업무 보조 인력은 15~20퍼센트의 보너스를 받을 거라고 했다.

또 우리가 함께 일한 조직 중에는 의료보험 보건기관HMO 네트워크에 얼마나 많은 의사를 영입했는지에 따라 수당을 지급하는 회사가 있었다. 기존의 영업과 수당 지급 방식의 문제점은 많은 영업 직원들이 회사에 전혀 이득이 되지 않는 의사들과 수당을 나눠 갖기로 협상을 한다는 데 있었다. 회사가 매출과 매출의 수익성을 모두 고려하는 영업 직원에 대한 새로운 혼합 보상 체계를 시작하면서 직원 행동은 빠르게 달라지기 시작했다.

보상 체계를 변화시키면 직원의 행동양식도 그에 따라 달라지게 되어있다. 인센티브를 주어야 사람들의 근로의욕이 높아지고 결과가 향상된다는 점은 슬프지만, 이런 기본적인 사실을 받아들이지 않으면 조직에 큰 피해가 올 수도 있다.

"인재를 뽑아서 규칙을 만들고, 직원들과 의사소통을 하며, 그들에게 동기를 부여하고, 보상을 해라. 이 모든 걸 효율적으로 이루어내면 절대 실패하는 일은 없을 것이다." - 리 아이어코카

38 과거를 존중하고 소중히 여겨라

팀, 회사, 부하 직원이 과거에 업무를 처리한 방식에 대해 나쁘게 얘기하지 마라. 몇몇 임원 코칭 과정에서 자신이 오기 전 회사가 엉망진창이었고 그 문제를 해결하기 위해 자신이 고용된 거란 말을 하는 리더를 만날 수 있었다. 이런 임원의 말은 100퍼센트 맞는 말일지도 모른다. 모든 상황이 완벽할 때 채용되는 사람은 거의 없다. 그러나 과거를 함부로 얘기하면 사람들 사이에 분열이 초래될 수 있고 직원은 그런 리더를 따를 마음이 사라지게 된다.

다음과 같은 말들은 설령 사실이라고 해도 사기를 저하시키는 것 외에는 아무 도움이 되지 않는다.

- "우리가 갖고 있는 기술은 완전히 구식이야. 이제 21세기에 좀 맞춰야 한다고."
- "우리 회사의 업무 처리방식, 시스템은 엉망이야."
- "우리 회사 직원들은 해고될 리가 없다고 생각해서 일을 제대로 하지 않아."
- "우리 회사 직원들은 변화를 싫어해."
- "우리 회사 직원들은 한 회사에서 너무 오랫동안 일해서 잘나가는 다른 회사에서 무슨 일이 벌어지고 있는지 전혀 몰라."
- "우리는 고객이 필요로 하는 바를 전혀 모르고 있어."

조직 혹은 부서의 과거에 대해 함부로 말하지 않아야 하는 데에는 또 다른 이유가 있다. 이미 벌어진 일 때문에 내가 팀에 들어오게 된 것이다. 과거를 폄하가 아닌 존중하는 것이 더 나은 전략이다. 그리고 새로운 목표와 조치가 미래를 얼마나 개선시킬 수 있을지 이야기해라. 본인이 모든 문제의 정답을 갖고 있는 것이 아님을 인정하고 팀에 도움을 요청하는 것도 도움이 된다.

회사의 과거를 폄하하는 순간 누군가는 이런 생각을 할 것이다. "난 당신이 오기 전부터 여기 있었던 사람이야. 그리고 당신이 여길 떠나도 계속 남을 사람이고." 이런 생각을 가진 직원은 서로 힘을 합쳐 회사를 어려움에서 구하기 위해 데려온 관리자에게 흠집을 내고 그 관리자가 회사를 떠나도록 하는 데 일조하는 경우가 많다. 어떻게 그럴 수 있을까?

과거를 폄하하는 관리자는 직원의 자존심과 사기를 떨어뜨린다. 그러면 직원들은 자존심과 자부심을 지키기 위해 열심히 싸우게 된다. 전에 있었던 일을 존중하고 소중히 여기는 것과 동시에 더 나은 미래를 위해 나아갈 계획을 세우면 팀워크가 향상될 뿐만 아니라, 새로운 리더에 흠집을 내는 것이 아니라 리더를 돕고자 하는 직원으로 가득 찬 적극적인 팀을 만들 수 있을 것이다.

"현재를 이해하려면 과거를 먼저 알아야 한다." – 칼 세이건

탁월한 성과에 대한 인정과 보상

평범한 성과와 훌륭한 성과에 대해 똑같이 보상하는 건 동기와 사기를 저하시키는 확실한 방법이다. 최고의 조직은 이를 잘 알고 있기 때문에 우수한 성과와 그렇지 못한 성과에 대해 차별화된 보상을 한다. 직원들은 이런 구분을 잘 알고 있다. 최고 기업 직원의 73.4퍼센트는 성과가 우수한 직원에 대한 보상이 적절하다고 생각하고 있다. 또 직원 80.2퍼센트에 따르면 최고 기업들은 우수 직원의 성공을 전 직원에게 알려 모든 직원이 같은 수준의 탁월함을 달성하도록 장려한다고 한다.

39 칭찬을 '해야 할 일'로 생각하지 마라

우리는 리더들에게 매일 '해야 할 일' 목록에 세 명의 사람을 칭찬하는 일을 추가해야 한다고 말했었다. 그러면서도 어떤 사람을 칭찬해야 한다는 말은 하지 않았다. 직속 부하가 될 수도 있고, 상사나 동료, 심지어는 배우자도 괜찮았다. 그러나 직원들이 중요하게 생각하는 것이 무엇인지 알게 되면서 칭찬에 관한 우리의 생각도 바뀌었다.

『직원을 기쁘게 해라! 효과적인 직원 칭찬법Make Their Day! Employee Recognition That Works』을 쓴 신디 벤트리스는 이렇게 말한다. "해야 할 일 목록에서 칭찬을 빼라. 칭찬이란 목록에서 체크를 해가면서 해야 하는 일이 아니다. 칭찬을 좀 다르게 생각해야 할 필요가 있다. 모든 직원과의 상호작용에 칭찬이 일부가 되게 할 방법을 찾아라."[6] 신디 벤트리스가 우리 모두에게 권한 것은 칭찬을 일상에서 하는 모든 일의 일부가 되도록 하라는 거다.

사람들의 도움에 감사하는 마음을 갖는 것은 직원의 참여 정신을 높이고 직장의 탁월함을 실현하는 데 중요한 단계다. 매일 직원의 노고를 진심으로 인정하는 리더는 직원들과 좋은 인간관계를 형성할 수 있다. 또 보다 많은 직원들이 기꺼이 그러한 리더를 따르고자 할 것이고 리더가 조직의 목표를 달성할 수 있도록 돕고자 할 것이다.

> "동료가 한 모든 일에 감사해라. 적절한 시간에 적절하게 선택된 진정한 칭찬의 말을 대신할 수 있는 건 아무것도 없다. 칭찬은 완전히 공짜이면서도 억만금의 가치가 있다." - 샘 월튼

40 계획적이면서 즉흥적인 칭찬이 가장 효과적이다

우리는 계획적이면서 즉흥적인 칭찬이 매우 효과적이라고 생각한다. 그리고 즉흥은 계획된 게 아니고 계획은 즉흥적일 수 없다는 것도 잘 알고 있다. 일이 진행되는 현장에서 주변을 돌아보면서 성공을 칭찬하는 것을 일상적인 습관으로 만드는 계획을 세워라. 하지만 공식적인 상이나 발표를 계획하지 말고 칭찬 자체는 즉흥적으로 하라는 말이다.

최근 어떤 회의에서 부사장이 자리에서 일어나 이렇게 말했다. "지금 제가 무엇을 하려고 하는지 아무도 모르실 겁니다. 하지만 훌륭한 일을 칭찬하는 건 항상 중요한 일이죠." 그는 회의실 맨 앞에 앉아 있던 한 관리자에게 다가가 자리에서 일어서라고 했다. 관리자는 어안

이병벙했다. 왜 자기를 지목했는지 전혀 알 수 없었기 때문이었다.

그리고 부사장은 다음과 같이 말했다. "우리 회사가 중시하는 여러 가치들이 있는데, 고객의 기대를 뛰어넘는 것도 그중 하나입니다. 지난 3주 동안 저는 고객지원 부서에서 받은 서비스를 칭찬하는 고객의 전화와 이메일을 세 통이나 받았습니다. 고객의 기대를 뛰어넘어야 한다는 가치를 실현한 것만으로도 충분히 칭찬받을 일입니다. 하지만 제가 오늘 마가렛을 일으켜 세운 이유는 단지 고객지원 부서가 매일 최고의 서비스를 제공하고 있기 때문만은 아닙니다. 마가렛과 고객지원 부서 팀원 두 명은 현재 새로운 고객 웹사이트를 만드는 데 적극적으로 참여하고 있습니다. 지금까지 두 가지 정도 새 웹 사이트에 추가 기능이 더해진 걸 봤는데 아주 혁신적이었습니다. 마가렛과 고객지원 부서가 한 일들 중에는 제가 지금까지 한 번도 보지 못한 것도 있었습니다. 저는 이들이 우리 회사의 경쟁력을 상당히 높여줄 거라 생각합니다."

부사장은 마가렛과 악수를 하고 마가렛이 얼마나 많은 시간을 이 프로젝트에 쏟아붓고 있는지 잘 알고 있다는 말을 하면서 말을 끝냈다. 그리고 마가렛이 한 의미 있는 일을 칭찬하는 의미에서 가족과 함께 외식을 하라며 200달러짜리 수표를 건넸다.

보너스나 특혜 같은 것은 칭찬이 아니라는 걸 알아야 한다. 우리는 매주 15명 직원의 세차 비용을 대주는 어떤 회사 사장을 알고 있다. 또 어떤 부장은 매주 하루씩 팀원에게 점심을 사준다. 이런 건 멋진 특혜지만 칭찬은 아니다. 계획적이면서 즉흥적인 칭찬은 다음과 같은 경우에 가장 효과가 높다.

- 칭찬하는 대상과 이유가 분명할 때
- 칭찬이 구체적일 때
- 업적만큼 칭찬의 정도도 클 때
- 적절한 때에 칭찬을 할 때

대부분의 직원은 자신의 업적을 공개적으로 인정받는 걸 좋아한다. 특히 상당한 시간을 프로젝트에 투자한 때에는 더욱 그렇다. 직원 전체에게 응당 그들이 받을 만한 것이 아닌, 그리고 그들이 감사해하지 않는 혜택이나 특혜를 지나치게 베풀면 현 상태 안주라는 치명적인 결과가 나타나 결국 생산성을 저하시킨다는 점을 명심해야 한다. 바로 이 때문에 칭찬, 특혜, 포상을 할 때에는 예상 밖에 즉흥적으로 하는 게 중요한 거다.

> "진지하고 정확한 칭찬만큼 효과적인 것은 없고 일률적인 칭찬만큼 나쁜 것도 없다." - 빌리 월쉬

41 최우수 직원에게 적절한 보상을 해라

주식시장에 상장도 되어 있는 업계 최고의 기술 기업에서 인터뷰를 한 적이 있었다. 한 엔지니어링 관리자가 이런 이야기를 들려주었다. 그 관리자의 관리자인 수석 부사장과 인력개발 관리자 모두 세 가지 사실에 의견을 같이 한다고 했다. 그 엔지니어링 관리자가 부서 인력들 중 기술적으로 가장 뛰어난 사람이라는 점, 초봉과 근속 연수를 고려했을 때 그는 회사 임금 체계 내에서 가장 적은 임금을 받는 25퍼센트 안에 속한다는 점, 그리고 회사가 임금 동결을 선언한 관

계로 그가 높은 임금을 받는 25퍼센트 집단으로 옮겨갈 가능성은 없다는 점이었다.

회사의 성과 평가 체계에 따르면 최우수 직원이 받을 수 있는 최대한의 임금 인상폭은 2퍼센트였다. 얼마나 임금을 적게 받고 있다고 느끼는지 묻자, 관리자는 이렇게 대답했다. "인력개발부에서는 제 임금이 시장보다 약 30퍼센트 가량 낮다고 하더군요. 하지만 임금 동결 결정 때문에 아무런 조치도 취할 수 없다고 했어요."

그 회사에서는 의욕이 떨어진 그 관리자를 비롯한 많은 우수 직원들이 자발적인 노력을 거부하는 식으로 적절한 보상을 받지 못하는 것에 대응하고 있었다. 이들은 의도적으로 해야 할 일만을 하고 그 이상은 아무것도 하지 않고 있었다.

최우수 직원에게 적절한 보상을 하지 않으면 그들은 성과와 보수 간에 아무런 상관이 없는데 굳이 열심히 일을 해서 탁월한 성과를 보일 필요가 있을까란 생각을 하기 시작한다.

조직에 이것은 아주 무서운 상황이다. 그 기술 회사의 운명은 앞으로 2년 안에 출시할 대단히 기술의존도가 높은 제품에 달려있다. 이 신제품 출시에 직접적인 책임을 맡고 있는 사람들은 자신들이 적절하게 혹은 시장 상황에 맞게 보수를 받고 있다고 생각하지 않기 때문에 할 수 있는 노력의 절반밖에 들이지 않고 있다.

성과에 따라 직원을 평가하는 건 멋진 생각이다. 성과에 따라 임금을 차등 지급하는 것도 좋은 아이디어다. 그러나 그 조직과 임원진은 최고의 직원에게 최고의 보상을 하는 일을 빠뜨렸다. 보상 체계에서 훌륭한 성과에 대해 정의하기만 하고 훌륭한 성과를 보인 직원에게 적절한 보상을 하지 않는 건 사람들에게 경기에서 이기라고 말해놓고

막상 경기에서 이기자 4등 메달을 주는 것과 다를 바가 없다. 최고의 성과를 보인 사람에게 적절한 보상을 하지 않으면 오랫동안 지속되는 조직의 탁월함을 달성하기란 거의 불가능하다.

오늘날 최고의 성과를 보인 사람들에게 그에 상응하는 보상을 하는 전략은 심지어 교육계처럼 전통적으로 모든 사람이 성과에 관계없이 경력에 따른 임금을 받던 분야까지 적용되고 있다. 2007년 1월 23일, 휴스턴 독립 학군에서는 교사 보수 체계를 바꾸고 학생들의 성적을 향상시키는 교사에게 보너스를 지급함으로써 교육계로서는 엄청난 모험을 선택했다. 휴스턴 독립 학군의 교육청장 아벨라르두 사아베드라는 이렇게 말했다. "오늘은 휴스턴 독립 학군의 역사상 정말로 중요한 날입니다."[7] 2007년 휴스턴 독립 학군 교육 위원회는 최우수 교사에게 보너스를 지급하고 다른 학군의 우수 교사를 유치하기 위해 1,400만 달러를 마련했다. 42명의 교사가 6천 달러 이상의 보너스를 받았다. 평균 교사 보너스는 1,800달러였다. 교육계를 잘 알고 있는 사람이라면 누구나 예상할 수 있듯 교사 노조는 교사마다 임금이 다른 시스템에 강경한 반대 입장이다. 휴스턴 교사 연맹의 대표 게일 팰런은 이렇게 말했다. "우리 교사들은 모두가 훌륭한 교사라고 생각합니다. 이번 조치는 휴스턴 독립 학군 교사들의 사기를 저하시키는 최악의 조치입니다."[8] 교사 리사 아워백은 이렇게 말했다. "돈이 있거든 우리에게 임금으로 주세요. 우리는 7시에 출근을 해서 4, 5시가 되어서야 퇴근을 합니다. 우리에게 이래라 저래라 하지 마십시오."[9]

최고의 기업은 비록 조직의 모든 사람이 동의하지 않더라도 최우수 직원에게 그들의 성과에 대해 보상을 하는 게 중요하다는 걸 잘 알고 있다.

"우리는 그저 우리가 가만히 앉아서 바라기만 한 것이 아닌 정당하게 노력해서 얻고자 한 것을 받게 될 것이다. 우리는 언제나 우리가 한 서비스만큼의 보상을 받을 것이다." - 얼 나이팅게일

42 축하거리를 찾아라

우리 고객 중에는 사람들에게 자신의 첫 번째 큰 판매 성과를 알리려고 한 어떤 영업사원으로부터 시작된 기발한 축하 방법을 사용하는 기업이 있다. 그 영업사원은 1만 달러가 넘는 계약을 체결하고 나서 책상 위에 올라가 아들의 자전거에서 떨어진 경적을 울렸다. 다음날 다른 어떤 영업사원도 1만 달러짜리 계약을 체결했고 그 역시 아이 자전거에서 떨어진 벨을 울렸다. 두 번째 영업사원이 벨을 울리자 첫 번째 영업사원이 경적을 울리며 함께 축하 분위기를 올렸다.

현재 그 층의 모든 직원은 나름대로의 소리 내는 도구를 갖고서 누군가가 상당한 액수의 계약을 체결할 때마다 축하를 해준다. 특이한 유머감각을 지닌 한 엔지니어는 사무실 밖으로 나와 누르면 소리가 나는 쿠션을 눌러댔다. 심지어 사장, 부사장도 사무실에서 나와 냄비나 팬을 두드리거나 트럼펫을 분다. 재미있는 점은 이런 축하가 단지 영업에만 국한되지 않는다는 거다. 새 직원이 채용되거나 첫 출근을 했을 때, 중요한 프로젝트가 끝났을 때, 월말 결산이 예상치를 초과했을 때에도 축하행사가 열린다.

지금 이 글을 읽고 있는 리더 중에는 이런 생각을 하는 사람이 많을 것이다. "그렇게 시끄러운 축하행사는 비즈니스 환경에 해가 되는 거 아닐까?" 많은 조직이 축하행사에 높은 가치를 두지 않기 때문에 이런 축하방법이 아마 해가 된다고 느낄지 모른다. 하지만 이 조직의 사람

들은 놀라울 정도로 서로를 돕고자 하며 서로의 성공을 축하하는 것에 자부심을 느낀다. 여기 사람들은 자신의 축하 도구를 쓸 구실을 찾는다. 성공을 축하하는 법을 아는 이들은 이런 축하를 즐기는 것이다.

"더 많이 있었으면 하는 것들을 축하해라." - 톰 피터스

43 특별한 날을 기념해라

모든 사람이 바쁘다. 사람들은 바빠서 다른 사람의 생일이나 특별한 날을 축하할 시간이 없다. 세상에는 목표를 달성하고 최종적으로 돈을 얼마나 벌었는지 세는 데에만 몰두하는 사람이 많다. 이런 유형의 사람들은 특별한 날을 기념하려고 시간을 낸다는 것 자체가 시간 낭비이며, 너무 많은 비용이 소용되고, 전혀 그렇게 필요한 일이 아니라고 생각한다.

이것보다 탁월한 조직을 만드는 데 도움이 안 되는 일은 없다. 서부 농민연합Western Growers Association에서는 직원회의가 있을 때마다 시간을 따로 내서 중요한 직원의 성과나 기념일을 기린다. 생일이든, 입사 10주년이든 특별한 날에 누군가를 사무실이나 자리에서 회의실로 불러내 노래를 부르거나 케이크를 나누어 먹으면 이렇게 말하기가 아주 쉬워진다. "당신은 우리한테 정말 중요한 사람이에요. 회사 임원들도 우리더러 시간을 내서 당신의 기념일을 축하해주라고 했어요."

인터뷰에서 우리는 이런 말을 수도 없이 들었다. "여기 사람들은 정말 가족 같았어요. 서로 생일을 축하해주곤 했었죠. 하지만 이제 그런 건 없어졌어요. 경영진은 이제 직원에게 관심이 없는 거 같아요."

오래전 지금은 체이스맨해튼에 인수된 아메리칸 주택대출회사에 컨설팅을 해준 적이 있었다. 그 회사는 직원의 특별한 날을 기념하는 데 최고였다. 어느 날 나는 사무실을 거닐다 한 관리자의 자리에 온통 풍선이 달려 있는 걸 봤다. 나는 관리자에게로 가 생일 축하한다는 말을 했다. 그녀는 이렇게 답했다. "오늘은 제 생일이 아니에요. 어젯밤 저는 이혼하고 나서 처음으로 데이트를 했거든요. 팀원들이 그걸 축하할 일이라고 생각했나 봐요."

약 2주 후 다시 그 관리자 자리를 지나칠 일이 있었다. 이번에는 검은 풍선 하나가 달려 있었다. 관리자에게 그게 뭐냐고 묻자 그녀는 이렇게 대답했다. "두 번째 데이트가 있었는데, 그 남자는 오래 만날 사람이 아니었어요." 위의 사례가 모든 조직의 문화에 맞지는 않을지 모르지만 여하튼 아메리칸 주택대출회사에 다니는 모든 사람은 서로에 대해 마음을 쓰는 모습을 보였다.

생일이든 기념일이든, 식구가 늘어났거나 누가 졸업, 승진을 한 날이든 특별한 날을 기념하는 건 직원에게 그들이 특별하고 소중한 사람이라는 메시지를 전달한다.

"인생을 기념하고 축하할수록 인생에는 축하할 일이 더욱 많아진다."
– 오프라 윈프리

44 칭찬은 모두의 일이다

칭찬과 인정이 인력개발부의 일이라고 생각하는 조직이 많다. 전혀 그렇지 않다! 직원에게 동기를 부여하는 일을 오직 인력개발부에만 맡기는 조직은 실패한다. 인력개발부에서 하는 칭찬은 대체로 포괄적이기 때문에 조직 전체에 효과가 있지 않다. 모든 사람이 인정받고, 평가받고 있다고 느끼는 환경을 만드는 일은 모두의 일이다.

> 모든 사람이 자신이 제대로 인정, 평가받고 있다고 느끼는 환경을 만드는 일은 모두의 일이다.

최고의 기업에서는 인력개발부가 다음과 같은 일을 한다.

- 직원 인식조사를 통해 조직 문화를 조사한 후 결과를 부서, 지점, 지사별로 발표하여 모든 리더가 자기가 담당하는 조직의 문화를 제대로 알 수 있게 한다.
- 칭찬에 관한 기사, 맞춤 증서, 상품권, 선물, 영화표 등 다양한 칭찬 방법을 개발한다.
- 관리자들을 대상으로 리더십과 관리 분야에 대한 교육을 실시한다.
- 직원 인식조사 결과에 따라 관리자들이 탁월한 조직을 만들 구체적인 행동 계획을 짜게 한다.

누군가의 특별함을 칭찬하기 위한 노력은 긴 효과를 발휘한다. 필요한 일이라고는 간단한 메모를 전달하거나 전화를 하는 일뿐이다. 다음은 병원에서 일하는 어떤 사회복지사가 받은 메모이다. "그동안 우리 병동의 환자 가족을 잘 도와주셔서 감사드려요. 환자에게 필요한 게 빠짐없이 충족되도록 노력해주신 덕분에 저희는 아이들 치료에 전념할 수 있었습니다. 그동안의 노력에 정말 감사드립니다."

동료의 칭찬은 칭찬이 보다 자주 이루어지기 때문에 더욱 효과가 있다. 칭찬이 잦아지면 직원들의 기분이 좋아지고 조직은 훨씬 더 일하기 좋은 환경이 된다. '상호성 법칙law of reciprocation'이 자리를 잡아 회사의 긍정적인 원동력이 되는 것이다.

우리는 모두는 우리에게 한 번도 기념일에 카드를 보내거나 선물을 들고 문 앞에 나타난 적이 없는 사람들을 알고 있다. '상호성 법칙'은 누군가가 상대에게 무언가 좋은 일을 했으면, 설령 그것이 인사 카드를 보내는 것 같은 간단한 일일지라도 상대는 거기에 보답을 해야 할 강한 책임감을 느끼게 된다는 것이다. 같은 법칙이 칭찬과 감사에도 똑같이 적용된다.

누군가가 한 일을 칭찬하거나 감사하면 상대도 나에게 감사와 칭찬을 해줄 가능성이 높아진다. 하지만 칭찬과 감사를 할 때에는 진심을 담아서 해야 한다. 그렇지 않으면 상대에게 아무 말도 하지 않을 때보다 더 좋지 않은 결과가 나타날 수 있다. 진심이 담기지 않은 칭찬이나 감사는 의도된 효과를 보이기는커녕 거짓말처럼 들리기 때문이다.

> "친절한 말은 짧고 말하기도 쉬울 수 있지만 그 여파는 진실로 끝이 없다." - 마더 테레사

45 사람들의 도움에 감사해라

Dictionary.com에서 '감사하는grateful'이란 단어를 찾으면 '받은 혜택에 대해 고마워하는 것'이란 정의가 나온다. 당신이 직원들의 공로를 높이 평가하고 조직의 성공에 기여한 바에 대해 진실로 감사해한다는 것을 안다면, 그들은 대단한 일을 해낼 것이다. 그들이 상사이든, 직속 부하이든, 중요한 제삼자이든 그건 중요하지 않다. 자신이 가치를 인정받고 있다고 느낄 때, 사람들은 당신이 목표를 달성하도록 더욱 열심히 도우려는 마음을 갖게 될 것이다.

감사의 반대는 혜택을 고마워하지 않거나 직원들의 기여를 당연하게 여기는 것이다. 이렇게 말하는 몇몇 관리자들도 있다. "나는 직원들의 기여를 당연하게 여기지 않아요. 나는 그들이 출근을 해서 할 일을 하라고 급여를 잘 줍니다. 그게 내가 그들에게 기대하는 바죠." 우리는 마지막 말에 완전히 공감한다. 일을 하러 오는 모든 직원은 출근을 해서 할 일을 하라고 돈을 받는다. 이런 기대를 가지면 정확하게 이런 결과를 얻는다. 적극적인 마음이 전혀 없는 직원은 아침에 나타나 정확하게 급여를 받고 하도록 되어 있는 일만을 한다.

캠벨 수프의 CEO 더글러스 R. 코넌트는 감사의 중요성을 제대로 알고 있는 리더다. 2001년 1월 캠벨 수프에서 일하기 시작한 이래로 그가 직급을 가릴 것 없이 직원들에게 보낸 감사의 쪽지는 1만 6천 통이 넘는다. 이런 감사의 태도가 성과를 높이는 데 도움이 될까? 우리는 그렇다고 생각한다. 2003년 이후 캠벨 수프의 주가는 100퍼센트 상승했다. 이는 다른 경쟁 식품업체에 비해 두 배가 넘는 수치다.[10]

모든 팀원이 기여하는 바를 고마워해라. 어떤 세미나 참석자가 이런 질문을 했다. "팀에서 저의 속을 가장 많이 썩인 직원한테도 고마워해야 하는 겁니까?" 다른 참석자가 대답했다. "고마워하세요. 모든 팀원이 완벽하면 리더가 무슨 필요가 있겠어요?" 정말 그렇다!

> "감사는 인생에 풍요로움을 주는 열쇠다. 감사는 우리가 이미 갖고 있는 것들을 충분한 것 이상으로 바꾸어놓는다. 부정을 긍정으로, 무질서를 질서로, 혼란을 명쾌함으로 바꾸어놓는다. 또 문제를 선물로, 실패를 성공으로, 예상 밖의 일을 완벽한 타이밍으로, 실수를 중요한 사건으로 변화시킨다. 감사는 우리의 과거를 납득하게 하고, 오늘에 평화를 가져다주며, 내일을 위한 비전을 만든다." - 멜로디 비티

46 '이달의 우수사원' 상을 없애라

많은 조직에서 이 조치는 건드려서는 안 될 영역에 속한다. 하지만 우리는 이달의 우수사원, 분기의 우수사원, 올해의 우수사원 상은 득보다는 실이 많다고 생각한다. 대부분의 조직이 수상자격을 결정하는 견고하고 객관적인 기준을 마련하지 않고 있기 때문이다.

기업이 정확한 우수사원 상 수상자격에 관한 객관적인 기준을 적용한다면 이달의 우수사원은 단지 한 명에 그치지 않을 것이다. 아니면 같은 사람이 수상기준에 가장 근접한 성과를 꾸준히 유지하는 바람에 연속해서 이달의 우수사원 상을 받게 될지도 모른다. 이는 마치 사람들더러 중간 중간 임의로 바뀌는 규칙에 따라 경기를 하라고 하는 거나 마찬가지다. 경기 규칙을 파악할 수 없을 때 사람들은 쉽게 경기에 흥미를 잃는다.

어떤 전략 기획 워크샵이 끝날 무렵 인력개발 담당 부사장이 이런 말을 했다. "우리는 워크샵을 마치기에 앞서 이달의 우수사원을 선정해야 합니다." 다른 부사장이 대답했다. "지난 석 달 동안 여자 사원이 상을 받았으니 이번에는 남자 사원을 뽑아야 합니다." 이들은 결국 한 번도 상을 받은 적이 없는 한 남자 사원을 우수사원으로 뽑았다. 선정 과정이 이렇게 주관적으로 이루어지니 직원들이 이런 의문을 품을 수밖에 없다. "도대체 이달의 우수사원이 되려면 내가 뭘 어떻게 해야 되는 거야? 이달의 우수사원 상을 받은 사람이 대체 나보다 뭐가 더 우수하다는 거지? 내가 그 사람보다 훨씬 중요한 일을 해냈는데? 난 일을 제대로 못했다는 거야?"

또 분기별 우수 관리자 상을 시상하는 데 대해 큰 자부심을 갖고 있는 기업도 있었다. 이들은 실제로 수상자에게 1만 달러의 보너스까지

주었다. 한 관리자가 나에게 말했다. "난 그 상을 받고 싶지 않아요. 그 상은 회사에서 정말로 가장 우수한 성과를 보인 관리자라기보다는 이 번 분기 최고의 '아첨쟁이'란 낙인이거든요." 생각해보라. 겨우 1만 달 러에 상에 따라다니는 그 낙인을 감당할 건지.

우리는 회사의 직원이 훌륭한 일을 해냈을 때 계획적, 즉흥적인 칭 찬을 하라고 권한다. 이번 달에는 칭찬을 받을 직원이 다섯 명인데, 다 음 달에는 아무도 없을 수도 있다. 직원들이 칭찬을 중요하게 여길 때 칭찬은 훨씬 큰 의미를 지니게 된다.

> "칭찬을 받지 못했다고 해서 상심하지 말고 칭찬을 받을 만한 사람이 되 도록 노력해라." – 에이브러햄 링컨

열쇠 7
책임을 중시한다

자신이 어떤 성과를 올려야 하는지 잘 모르는 직원에게 성과의 책 임을 묻는 건 사실상 불가능하다. 최고 기업에서 일하는 직원의 85.1 퍼센트는 자신의 업무 내용이 분명하게 정의되어 있다고 했다. 그리 고 회사의 성과 기준, 측정 방법에 대해 분명하게 알고 있다고 생각하 는 직원의 수(92.5퍼센트)는 이보다 훨씬 더 많았다. 성과 기준을 충족 해야 한다는 책임감은 직원의 학습과 발전에 도움이 되는 성과 평가 (최고 기업 직원의 80.7퍼센트는 자기 회사의 성과 평가가 이렇다고 생각함)와 일 년 내내 지속되는 피드백을 통해 강화된다.

47 변함없는 책임감을 요구해라

우리는 모두 직원의 솔직한 의사소통이 좋다고 생각한다. 리더는 직원에게 회사, 부서의 목표와 관련하여 좋은 점, 싫은 점을 얘기해달라고 해야 한다. 직원은 상사가 옳지 않을 때 주저 없이 이야기할 수 있어야 한다. 심지어는 상사의 리더십에 대해서도 의견을 얘기해서 상사가 자신의 리더십을 '조절'해 보다 효율적인 관리를 할 수 있도록 하면 더욱 좋다.

일단 회사나 팀에서 결정이 내려지면 거기에 대한 변함없는 책임감을 요구해야 회사가 성공할 수 있다. 솔직한 의사소통이 중요하긴 하지만 목표 달성에 해가 되는 행동을 용납해서는 안 된다. 많은 리더들이 직원들의 책임감 부족을 합리화하는 걸 보면 참 놀랍고 재미있다. 다음은 우리가 들은 변명들이다.

- 우리 직원들은 회사를 위해 오랫동안 일해 왔습니다.
- 우리 직원들은 변화를 좋아하지 않습니다.
- 그 일의 다른 부분은 우리 직원들이 훌륭하게 처리하고 있습니다.
- 우리 상사가 너무 바빠서 그 상황을 해결하지 못하고 있습니다.
- 우리 상사는 갈등을 좋아하지 않습니다.
- 우리 상사는 직원들이 나아지길 바라고 있습니다.

책임감을 요구하면 맨 처음에는 직원의 사기가 대개 떨어지지만 그 이후에 훨씬 더 높은 수준으로 올라간다는 걸 기억해야 한다. 처음에 사기가 저하되는 이유는 자신이 바라거나 동의하지 않는 일에 책임을 지는 걸 직원들이 좋아하지 않기 때문이다. 그러나 리더가 입장을 바꾸지 않고 꾸준히 책임감을 요구하면 결국 직원들의 태도는 목표에 맞게 변할 것이다. 태도가 목표에 맞춰지면 결과도 개선된다. 그리고 결과가 개선되면 사기도 함께 올라간다.

조직 목표를 향한 변함없는 책임감을 요구하는 일은 쉽지 않다. 하지만 그렇게 하지 않으면 상황은 더 힘들어질 것이다. 직원들이 팀 혹은 회사 목표를 적극적으로 지지하는 태도를 보이지 않으면 조직의 탁월함은 저해되기 때문이다. 목표에 대한 지지가 없으면 사기가 저하될 뿐만 아니라 리더의 성공도 어려워지고 목표를 달성하는 데 드는 시간도 길어진다.

> "관심과 책임감은 다르다. 무언가에 관심이 있을 때에는 편한 시간에 그 일을 하지만 무언가를 해야 할 책임감을 느낄 때에는 변명은 필요 없고 오직 결과만이 있을 뿐이다." – 켄 블랜차드

48 눈에 보이는 결과를 측정해라

컨설팅 사업을 시작하고 나서 초창기 몇 년 동안 우리는 리더십의 감정적인 측면에 초점을 맞추었다. 즉 사람들이 업무 환경에 대해 어떻게 느끼는지에 높은 가치를 두었던 것이었다. 조직이 어떤 결과를 달성했는가는 부차적인 관심의 대상이었다. 이건 실수였다.

10만 명이 넘는 직원들을 대상으로 실시한 우리의 직원 인식조사 에서 최고 기업 기준점에 속하는 기업들로부터 리더십에 관한 소중한 교훈을 얻을 수 있었다. 바로 눈에 보이는 실질적인 결과에 초점을 맞추

책임감을 요구하면 맨 처음에는 직원의 사기가 대개 떨어지지만 그 이후에 훨씬 더 높은 수준으로 올라간다는 걸 기억해야 한다.

고 그 결과를 측정하라는 것이다. 눈에 보이는 실질적인 결과가 기대 수준을 충족시키거나 넘어서면 사기는 저절로 올라가기 때문이다.

다음에 나오는 눈에 보이는 실질적인 분야에서 최고 기업 기준점에 속하는 기업의 점수는 전체 기업 기준점에 속하는 기업보다 15점 이상 높았다.

- 명확한 임무와 비전
- 명확한 전략적 방향
- 조직의 명확한 전략적 목표
- 직원들이 각자 달성해야 할 목표가 무엇인지 분명히 알고 있는지 여부
- 정의된 성과 기준에 대한 책임 소재가 분명한지 여부

"작은 성과 하나는 수십 개의 약속만한 가치가 있다." - 메이 웨스트

49 공정해라: 모두가 결과에 책임을 지도록 해라

각 직원의 성과에 대한 평판 대신에 사내정치 내지 연줄에 의존하는 조직 문화에는 큰 문제가 있다. 많은 사람이 회사 내 동료들 중 아무 쓸모가 없는 사람과 일한 적이 있을 것이다. 이런 사람은 해고 되어야 함에도 불구하고 회사 내 권력이 있는 누군가가 무슨 이유에 서인지 그 쓸모 없는 사람을 보호해주고 있는 상황 말이다.

우리는 매년 팀원 하나하나에 대한 다면 평가를 실시한다. 어느 해인가 나는 한 직원의 팀워크 점수를 5점 만점에 5점을 준 적이 있었다. 그러나 그 직원의 다면 평가 결과를 보니 동료 직원들이 매긴 점수가 5점 만점에 2점에 불과했다. 직원들과 대화를 하면서 나는 그 직원

이 5점을 받을만 하다고 생각했기 때문에 놀랐다고 말했다. 한 직원이 이렇게 대답했다. "그 사람은 사장님들한테는 5점짜리이지만 다른 사람들한테는 1, 2점짜리밖에 안 돼요." 그 솔직한 의견 덕분에 우리 팀은 성과 평가 과정을 새로 고쳐 팀워크 관련 점수를 두 가지 질문으로 세분화할 수 있었다. 하나는 상급자와의 팀워크에, 또 하나는 동료들과의 팀워크에 초점이 맞춰졌다.

결과에 대한 책임을 똑같이 지지 않으면 직원들은 관리자 혹은 회사가 공정하지 않다고 생각한다. 자신은 모든 직원이 책임을 지게 한다고 말하는 관리자가 많다. 그럼에도 불구하고 관리자가 그것을 위해 직원 하나하나에 대해 어떤 일을 하는지 모든 직원들이 알기는 어렵다. 직원들이 책임을 지는 것과 관련해 직접 눈으로 볼 수 있는 건 직원 개개인이 보이는 행동의 결과밖에 없다.

직원이 책임감을 갖도록 할 때에는 사기가 높아지기 전에 잠시 떨어질 수 있다는 점을 명심해야 한다. 우리는 이런 현상을 탁월한 조직의 'J'자형 곡선이라 부른다. 처음에는 책임을 묻기 시작하는 것에 대해 불만을 품는 직원이 있을 수 있다. 팀에 새로 부임한 리더라면 이게 어떤 기분인지 잘알 것이다. 그런 직원은 리더에게 이런 말을 하고 싶어 한다. "전에 있던 상사가 훨씬 좋았어요. 옛날 상사는 날 귀찮게 하지 않았고 나도 그분을 성가시게 하지 않았다고요. 정말 짜증나네요. 날 좀 내버려두면 훨씬 행복할 거 같거든요."

이처럼 직원들에게 책임을 묻기 시작하면 직원들은 모든 다른 있으나마나 한 직원들과 함께 불만을 품게 된다. 사기가 떨어져 'J'자형 곡선의 바닥으로 떨어지기 시작한다. 사기와 동기부여는 꼭대기로 올라가기에 앞서 반드시 'J'자의 맨 아래까지 떨어지게 되어 있다.

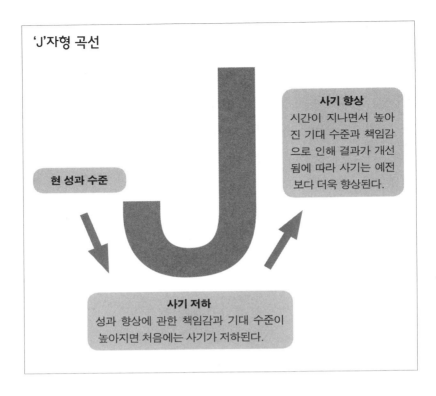

'J'자형 곡선

현 성과 수준

사기 향상
시간이 지나면서 높아진 기대 수준과 책임감으로 인해 결과가 개선됨에 따라 사기는 예전보다 더욱 향상된다.

사기 저하
성과 향상에 관한 책임감과 기대 수준이 높아지면 처음에는 사기가 저하된다.

조직의 탁월함을 실현하는 길을 걸어가는 훌륭한 리더가 되려면 소심해서는 안 된다. 모든 직원에게 명확하게 정의된 결과에 대한 책임을 묻는 일은 힘든 일이다. 정말 다루기 힘든 직원을 만나면 꼭 싸움이라도 치르는 기분일 것이다. 그러나 모든 사람에게 책임을 지우고 'J'자형 곡선을 따르게 하면 조직의 탁월함을 실현하는 데 한 걸음 가까이 다가설 수 있을 것이다.

"사람들이 남 탓을 하는 이유는 다른 선택의 여지가 있기 때문이다."
– 제인 플레어티

50 책임을 져라!

2006년 7월 갑작스런 죽음을 맞이할 때까지 엔론의 전 CEO 켄 레이는 엔론의 재정 문제에 대해 자신은 아무것도 알지 못하며 문제가 이렇게 심각하게 된 이유는 자기 밑에 있는 몇몇 나쁜 관리자들 때문이라고 주장했다.

사우스웨스트를 제외한 몇몇 대형 항공사는 2001년 9월 11일 수익이 나지 않는 이유가 연료비와 지나친 경쟁 때문이라고 했다.

2004년 연례 보고서에 관한 연구에서 미시간 대학의 피오나 리 교수와 스탠퍼드 대학의 라리사 티덴스 교수는 성과가 좋지 못했을 때 외부 요인보다는 통제가 가능한 내부 요인에 책임이 있다고 밝힌 기업이 1년 후 주가가 상승한다는 사실을 밝혀냈다. 이들은 21년 동안 제약, 식음료, 산업용 장비 등 3개 업종 14개 기업의 연례 보고서에 실린 '주주 여러분께 보내는 글'을 분석했다. 연구 가설에 입각해 경영진이 성과 부진을 어떻게 설명하는지에 기초하여 주가를 뽑아냄으로써 (내부 탓 대 외부 탓) 이들은 가장 많이 기업 내부 요인을 탓한 다섯 개 기업의 주가가 가장 많이 외부 요인을 탓한 다섯 개 기업의 주가에 비해 조정 수익률adjusted return이 14~19퍼센트 더 높았다는 사실을 밝혀냈다.

변명은 효율적이지 못한 고객 서비스 전략이기도 하다. 변명은 고객을 화나게 하고 나쁜 상황을 더 악화시킨다. 실수를 인정하고 문제를 해결하면 고객이 다시 돌아와 회사와 거래를 할 가능성이 높아진다. 고객은 문제가 생겼을 때 책임을 지고 문제를 해결할 거라는 신뢰가 드는 회사와 오래 거래하고 싶어 한다.[11]

스타벅스의 창립자이자 CEO인 하워드 슐츠는 실수에 책임을 질줄 아는 리더다. 2007년 스타벅스가 매출, 이익 목표를 달성하지 못했을 때 그는 매출, 이익 부진을 경제 상황이나 계절, 소비자 물가 지수 탓으로 돌릴 수 있었다. 그러나 그는 그러지 않고 앤디 서워와의 인터뷰에서 이렇게 말했다. "현재 회사의 상황과 앞으로 회사가 나아갈 방향은 저에게 완전한 책임이 있다고 밝히고 싶습니다."[12]

또 책임을 지는 게 얼마나 중요한지를 잘 알고 있는 CEO로 샌디에이고 레이디 소아 병원의 은퇴한 CEO 블레어 새들러를 들 수 있다. 2006년 3월, 생각지도 못한 일이 레이디 소아 병원에 일어났다. 불과 두 주 사이에 두 명의 직원이 어린이 성추행과 아동 포르노 소지 혐의를 받게 된 것이었다. 소아 병원에서 근무하는 2,800명의 직원과 750명의 의사, 즉 아이들을 보호하기 위해 헌신해야 할 바로 그 사람들은 엄청난 충격을 받았다. 이런 상황에서 상황을 축소하거나 뉴스를 미화시키려고 하는 리더도 있을 수 있을 것이다.

그러나 블레어 새들러는 샌디에이고 경찰청장 윌리엄 랜스다운과 함께 기자회견을 열고 이렇게 말했다. "저희는 채용 과정에서 모든 신입사원과 자원봉사자에 대해 심층적인 범죄 전력 조사를 실시하고 있습니다. 그리고 매년 아동 학대 방지에 관한 교육을 실시하고 있으며 전 직원을 대상으로 3개월마다 보고서를 작성합니다."[13] 그는 병원의 이런 많은 예방책이 사고를 막기에는 역부족이었던 것 같다고 말을 이어나갔다.

모든 사람은 실수를 하고 통제할 수 없는 일들도 일어나게 마련이다. 그러나 변명은 모두가 싫어한다. 부서나 회사 문제에 책임을 지는 것은 훌륭한 리더십을 보여준다. 리더가 실수와 문제를 인정하고 문제를 해결할 분명한 전략을 제시할 때 직원들은 결과를 통제할 수 있는 사람을 보다 쉽게 존경하고 따르게 된다. 문제가 외부적인 요인 때문에 일어난 일이라고 불평하는 리더의 말을 들은 직원들은 자신들이 어떻게 하든 아무런 영향도 미칠 수 없는 일을 해결할 마음이 들지 않을 것이다. 사과하고, 문제를 자신의 탓으로 돌리고, 문제 해결의 책임을 져라.

"책임감은 대응능력을 키운다." - 스티븐 R. 코비

51 갈등은 신속히 해결해라

컨설턴트 중에는 전적으로 갈등 해결에 관한 세미나로만 먹고사는 사람들이 있다. 여기에는 이유가 있다. 갈등 해결을 피하려고 하는 문화를 지닌 조직이 있기 때문이다. 이런 조직에서 갈등은 '논의해서는 안 될' 커다란 문제가 된다. 모든 사람이 개인적으로 만나면 불만을 얘기하지만 아무도 회의를 소집해서 탁자 한가운데에 갈등이 되는 문제를 놓고 모두가 동의할 해결책을 제시할 능력이 있는 사람들과 함께 그것을 논의할 용기를 내지 못하는 것이다. 갈등 전문 컨설턴트는 의견의 불일치도 좋을 수 있다고 말한다. 예를 들어 서로를 솔직하게 대면하지 않는 사람들을 하나로 모으고, 사람 사이의 관계를 더욱 돈독하게 하며, 더 나은 해결책을 마련할 수 있는 경우 그렇다고 한다. 맞는 말이다. 우리는 또한 조직에서 일어나는 좋은 갈등은 쉽게 해결된다고 생각한다.

두 팀원이 서로의 의견에 동의하지 않는 상황이든, 두 부서가 서로 맞서는 상황이든 갈등이 즉시 해결되기만 하면 괜찮다. 갈등이 오래 이어지면 사람들의 에너지가 전혀 생산적이지 않은 지엽적인 문제에 집중되기 때문에 엄청난 시간이 낭비된다.

조직 진단에서 해결되지 않은 갈등이 있다는 결과가 나왔을 때 그 갈등을 조장하는 사람들은 리그 경기에서 경쟁하는 서로 다른 팀과 같다. 두 팀 모두 승리하지 못한다. 이 리그 경기에서 진정으로 승리하는 팀은 그들의 경쟁 팀이다. 다음의 내용은 갈등을 신속하게 해결하는 데 도움이 될 것이다.

- 강제로라도 대화를 하도록 시켜라. 갈등이 있을 때 대부분의 사람들은 상황을 직접적으로 논의하지 않으려고 한다. 이럴 때에는 가능한 한 빨리 회의를 여는 게 가장 먼저 해야 할 일이다.
- 직접 대면해라. 바로 옆에 앉아 있는 사람에 대한 불만을 사무실 저 멀리에서 얘기하는 사람이 있다. 혹은 기분 나쁜 이메일을 보내는 사람도 있다. 갈등을 해결하려면 직접 보고 얘기하는 편이 좋다.
- 여러 대안을 마련해라. 세상에서 가장 상대하기 힘든 사람은 한 가지 생각밖에 못하는 사람이다. 그런 사람들은 "내가 하자는 대로 하거나 싫으면 떠나라"는 식이다. 그러나 두세 가지의 대안이 있으면 대개 해결에 다다를 수 있다.
- 조직의 비전을 지침으로 삼아라. 갈등이 있을 때 조직의 비전을 잊어서는 안 된다. 대개 조직의 비전은 논의와 문제 해결책에 초점을 맞추게 하는 나침반의 역할을 한다. 여러 가지 대안을 고려하면서 열린 토론이 이루어지도록 해라.
- 다음 조치에 관한 합의를 이루어라. 향후 조치 혹은 다음 단계를 마련하는 것이 중요하다.

- 결과를 확인해라. 회의가 끝나기 전에 첫 회의 이후 무엇이 효과가 있었는지 논의하고 어떤 수정이 이루어져야 하는지 확인할 다음 회의 일정을 잡아라.

"주먹 쥔 손과 악수를 할 수는 없다." – 인디라 간디

52 헛소문을 퍼뜨리는 사람, 불평불만이 많은 사람에게 더 많은 일을 시켜라

조직의 탁월함을 망칠 수 있는 한 가지를 꼽으라면 상당 시간을 나쁜 소문을 퍼뜨리는 데 쓰는 사람을 들 수 있다. 헛소문을 퍼뜨리는 사람은 대개 다른 사람이나 회사에 관해 좋은 얘기는 하지 않는다. 대신 옛날이 얼마나 좋았는지 얘기하고 다닌다. 또 이들은 현재 결정이 조직에 얼마나 옳지 않은지 불평하며 다른 사람들의 무능력과 실수를 비난한다.

소문 퍼뜨리기를 좋아하는 사람, 불평불만이 많은 사람에 대처할 때는 진짜 문제에 집중하는 것이 중요하다. 중요한 건 뒷말을 하고 돌아다니며 자신의 시간과 다른 모든 사람의 시간을 허비하게 만드는 불만이 많은 직원이 아니다. 문제는 애초에 그런 사람이 불만을 얼마나 오랫동안 품고 있었느냐다. 그리고 진짜 문제는 그런 사람에게 일거리를 충분히 주지 않고, 성과에 대한 책임을 묻지 않으며, 할당된 모든 업무가 제대로 끝났는지 확인하지 않은 관리자에게 있다.

누군가가 뒷말을 할 시간이 있어 보일 때마다 업무량을 계속 늘리면 다음의 세 가지 중 한 가지 현상이 나타날 것이다. (1) 뒷말을 하기

좋아하는 사람들이 소문을 퍼뜨리면서
일을 다 마칠 시간이 없게 된다. (2) 뒷말
을 하기 좋아하는 사람들은 이제 자신이
해야 할 일에 너무 화가 나고 불쾌해져서
회사를 그만둘 것이다. (3) 뒷말을 하기 좋아하는 사람들은 책임감 문
제에 대해 조직으로부터 코칭과 카운슬링을 받게 될 것이다. 어떤 결
과가 나오든 조직의 탁월함에 한 발 다가서게 될 것이다. 누군가가 남
의 말을 하거나 불평을 하는 걸 보거나 들으면 이걸 기억해라. 그 사람
은 지금 할 일이 없다는 사실 말이다.

> "헛소문은 더러운 담배 파이프를 피우는 사람으로부터 나오는 일종의 연
> 기다. 그건 흡연자의 나쁜 습관 말고는 아무것도 아니다." – 조지 엘리엇

53 조직에서 남을 괴롭히는 사람들을 처리해라

어리석은 행동 목록의 가장 첫 번째는 감정을 통제하지 못
하는 것이다. 분노이든, 변덕이든, 일상 상황에 대한 부적절한 반응이
든 감정적인 사람은 의도한 바와 관계없이 다른 사람을 괴롭히는 사
람으로 인식되고 조직의 사람들에게 정신적인 고통을 안긴다. 우리
고객들은 이런 사람이 탁월한 조직 문화에 위협적인 존재라는 사실을
인식하고 있으며 이런 부적절한 행동을 다음의 두 가지 방법 중 하나
를 써서 막고 있다.

첫 번째 방법으로 이런 대부분의 상황에서 우리 고객들은 남을 괴
롭히는 사람들이 조직 사람들과 의사소통하는 방법을 배울 수 있도록
코치를 고용한다. 우리가 코칭한 사람 중 약 50퍼센트는 자신의 태도

를 바꾸고 조직의 성공에 더 큰 기여를 하게 되었다. 이런 리더는 코치의 제안을 받아들이고 보다 효율적인 리더가 되기 위해 적극적으로 배움에 임한다. 우리가 코칭한 나머지 절반은 우리가 '뽀빠이 증후군'이라고 부르는 모습을 보인다.

이런 사람은 다른 사람에게 미치는 영향은커녕 자기 자신의 행동에조차 책임감을 느끼지 않는다. 이들은 자기 자신과 과거의 성과를 자랑스러워한다. 이런 사람은 달라질 마음이 없기 때문에 이렇게 말한다. "나는 나예요." 뽀빠이 증후군을 보이는 많은 관리자는 몇 달 동안 코칭을 받다 결국 해고를 당하고 만다. 대부분의 경우 이런 사람은 코칭 과정을 처벌이나 교정이라고 생각한다. 코치와의 관계에서도 이런 사람은 말은 하지 않지만 한 가지 목표를 갖고 있다. "대체 내 인생에서 이 코치를 사라지게 하려면 어떻게 해야 할까?"

놀랍게 들리겠지만 우리가 코칭한 임원들 중에는 연봉이 70만 달러가 넘는데도 단지 변화할 마음이 없어서 일자리를 잃은 사람들이 있다.

우리 고객이 택하는 두 번째 방법은 문제를 일으키는 사람에게 이런 최후 통첩을 하는 것이다. "행동을 바꾸든지 아니면 사직 동의서에 서명을 하든지 하십시오."

조직에서 남을 괴롭히는 사람들은 대개 성과가 뛰어난 사람인 경우가 많다. 그 때문에 성과가 좋지 않은 사람들보다 더 해결하기 어렵다. 성과가 저조한 사람이 남을 괴롭히면 결정은 쉽다. 그 사람을 가능한 한 빨리 해고하면 그만인 것이다. 그러나 그 사람이 최고 성과를 보이는 사람이라면 결정은 훨씬 어려워진다. 탁월한 직장 문화를 갖고 있다는 평을 듣는 조직은 두 가지 결과와 그 결과가 나타나는 방식 모두가 조직의 성공에 중요하다는 걸 잘 알고 있다.

"용기는 불이고 괴롭힘은 연기다." - 벤자민 디즈레일리

54 인질로 잡히지 마라

거의 잘 일어나지 않는 일이지만 성과가 부진한 직원이 그만두겠다고 나오면 그 제안을 받아들이는 결정은 쉽게 내릴 수 있다. 그러나 최고 성과를 내는 직원이 그만두겠다고 하면 결정은 훨씬 어려워진다. 능력 있는 인재지만 정말로 같이 일하기 어려운 사람이 있다면 어떻게 하겠는가?

1점부터 10점까지 점수를 매겼을 때 이런 능력 있는 인재는 10점을 받는다. 이들은 일을 훌륭히 완수하고 그 결과도 놀랍다. 문제는 이들이 지나간 자리에는 '잔해'가 남아 모두에게 다 튄다는 점이다. 리더는 이런 최고 성과자의 직속 부하, 동료, 심지어는 고객으로부터 끊임없이 들어오는 불만사항을 처리해야 한다. 이런 인재는 약간 건방지거나, 요구사항이 많거나, 가끔씩 거칠게 굴기까지 하지만 그들의 업무 성과에 대해서는 걱정을 할 필요가 없기 때문에 특혜를 받는다.

이런 최고 성과를 내는 사람들에게는 한 가지 사실이 더 있다. 다른 사람을 대하는 방식, 다른 사람과 상호 작용하는 방식에 대해 책임을 물으려고 할 때마다 이들은 다른 사람 탓을 하며 회사를 그만두겠다고 하는 것이다. 그래서 리더는 이들이 회사를 떠나지 않길 바라며, 이들의 비위를 맞추며 주변을 맴돌기 시작한다. 아마 1:1 코치를 고용하면 모난 부분을 좀 더 부드럽게 바꿀 수 있지 않을까 하며 심각하게 고

민까지 했을 것이다. 대개의 경우 본능적으로 이런 행동은 바뀌어야 한다는 걸 알지만 이런 팀원은 일적인 측면에서 너무 뛰어나기 때문에 머리에서는 자꾸 다른 변명이 만들어진다. 이런 덫에 걸려 변명을 만들기 시작해서 결국 그런 사람들에게 회사를 그만두지 말라고 설득하는 지경에까지 이르게 되면, 리더는 명함을 새로 파야 한다. 인질이라는 직함으로 말이다.

다루기 힘들고 회사를 자꾸 그만두겠다고 하는 사람의 대부분은 실제로 그렇게 하지 않는다. 이런 골칫거리 직원이 조직을 떠나지 않는 데에는 이유가 있다. 마음속 깊이 이들은 자신이 다루기 힘든 사람이며 다른 회사에 가면 자신의 무례한 행동이 용납되지 않을 수도 있다는 걸 잘 알고 있다. 이들과 함께 일해 본 사람이라면 누구나 다시는 이들과 일하고 싶어 하지 않기 때문에 앞으로 다른 회사로 옮길 기회도 점점 줄어든다.

그러므로 여기서 깨달아야 한다. 절대 인질로 잡히지 말아야 한다는 것 말이다. 직원이 회사를 그만두겠다고 하면 회사 아니면 리더가 제안한 구체적인 변화가 마음에 들지 않는 거라 생각할 수 있다. 직원에게 불만이 있고 그 직원이 함께 일하기 어려운 사람이라면 탁월한 업무 환경은 뿌리를 내릴 수 없다. 이런 사람에게는 회사를 그만두어야 하는 경우도 있을 수 있으며 논의한 행동을 변화시킬 마음이 없다면 다른 회사로 옮기는 데 적극 협조하겠다고 해라.

새로 고용한 사람은 모두의 삶을 불행하게 만들지 않을 것이다. 새로운 사람은 팀과 리더에게 단지 두 가지 질문밖에 없다. (1) "제가 뭘 하면 되죠?" (2) "이 일 혹은 목표를 언제까지 달성해야 합니까?" 마침내 명함에서 '인질'이란 단어를 지울 수 있을 때 다시 한 번 이렇게 말할 수 있게 될 것이다. "난 내 일이 참 좋아."라고.

> "어떤 길을 선택하든 항상 옳지 않다고 말하는 사람이 있게 마련이다. 나를 비난하는 사람의 말이 옳은 게 아닌가 하는 생각이 들게 하는 어려움도 항상 있게 마련이다. 구체적인 실천 계획을 세우고 끝까지 따르는 데에는 용기가 필요하다." - 랠프 왈도 에머슨

55 성과가 최악인 직원들은 경쟁업체로 보내버려라

성과 문제가 있는 직원은 상사와 조직으로부터 다음과 같은 네 가지 조치를 받을 필요가 있다.

- 명확하게 정의된 성과 목표 제시
- 목표가 달성되지 않았을 때에는 시기적절한 피드백
- 일정 기간 동안 성과가 개선되지 않았을 경우 어떤 결과가 초래되는지에 대한 분명한 제시
- 교육이나 멘토 등을 이용한 성과 개선 지원책 제시

리더는 다음과 같은 질문을 해야 한다. "위의 네 단계를 다 거치고, 심지어는 여러 차례 반복을 했는데도 직원의 성과가 나아지지 않으면 어떻게 하지?" 직원의 성과가 계속 저조하다면 훨씬 긍정적이고 효율적인 조직을 만드는 데 도움이 되는 방법이 하나 있다. 그 직원을 경쟁업체로 보내버리는 거다.

성과가 최악인 직원에게 다른 회사, 가능하다면 가장 센 경쟁업체의 팀워크, 생산성, 품질, 고객 서비스를 망칠 기회를 주는 것보다 더

훌륭한 전략적 조치는 없다.

어째서 성과가 최악인 직원을 경쟁업체로 보내는 전략을 실천에 옮기는 리더가 많아지지 않는 걸까? 자기가 데리고 있는 성과가 저조한 직원이 나아지길 바라는 리더가 많다. 바람이 이루어지지 않으면 몇몇 리더는 그 직원에게 힌트를 줄 것이다. 바람도 힌트도 효과가 없으면 이들은 대개 부탁을 한다. 다루기 힘든 직원은 대개 바람이나 힌트, 간청에 잘 반응하지 않는다. 대신 리더가 저조한 성과에 효율적이고 신속하게 대응하는 모습을 보면 재빨리 반응한다. 이런 새로운 상황에서 대부분의 리더가 후회하는 건 한 가지뿐이다. 어째서 좀 더 일찍 성과 나쁜 직원을 경쟁업체로 보내지 않았느냐는 것 말이다.

> "다루기 어려운 직원은 외바퀴 손수레 같다. 쉽게 뒤집어지는 외바퀴 손수레는 누군가가 밀어야만 쓸모가 있다." - 피터 스타크

56 시간 측정기를 부수어라

대부분의 조직은 직원에게 회사에서 근무해야 할 시간을 분명하게 정해주는 기업 문화를 갖고 있다. 시간 단위로 고용된 직원들은 업무 시작 시간과 종료 시간을 명확하게 확인받는다. 모든 조직에는 근무처를 떠나지 않아야 하는 일정 시간을 할당받은 직원이 있다. 영업 시간 중에 서비스를 받을 수 있을 거라 생각하는 고객이 있는 경우 이들에게 서비스를 제공하는 직원은 일정 시간 동안 자리를 지킬 책임이 있다.

그러나 모든 조직에는 바람직한 최종 결과가 달성되고 업무가 제시간에 완료되기만 하면 일을 언제 시작하든 별 상관이 없는 자리도

있다. 조직의 탁월함을 만들어내려면 목표를 높이 세우고 직원의 근무 시간이 아닌 업무 결과에 초점을 맞춰라.

대부분의 조직에서 출근을 하지 않는 직원은 해고될 것이다. 미국 최대의 전자제품 소매업체 베스트 바이의 미네아폴리스 본사에서는 ROWE라는 정책을 시행하고 있다. ROWE는 '성과 중심 업무 환경 Result Oriented Work Environement'을 뜻한다. 베스트 바이는 ROWE를 실행에 옮김으로써 스트레스를 받으며 장시간 일하는 환경을 성과 중심의 환경으로 바꾸려고 한다. 다시 말해 베스트 바이는 중요한 건 직원이 사무실에서 보내는 시간이 아니라 직원의 성과라는 걸 인식함으로써 시간 측정기를 부수고 있는 것이다. 이 ROWE 철학을 받아들이고 싶다면 성공을 위해 다음의 네 단계를 추천한다.

첫째, 경영진과 직원은 어떤 결과를 달성해야 하고 결과가 언제까지 이루어져야 하는지 분명히 해야 한다.

둘째, 관리자, 직원, 팀 간의 의사소통을 늘린다. 눈에서 멀어지면 서로 의사소통을 제대로 하지 않기가 쉽다. 오늘날 이용 가능한 다양한 기술들을 사용하여 사람들과 연락을 취하고 정기적으로 동향을 파악해라.

셋째, 전화로든, 사무실에서든 지속적으로 팀 회의를 열어라. 자기 일만 하는 사람들을 한데 묶어놓은 꼴이 되지 않는 게 중요하다.

넷째, 관리자는 ROWE 전략이 전 직원에게 적용될 수 없다는 점을 깨달아야 한다. 사람들 중에는 스스로 동기를 부여하고 성과를 내는 사람이어서 실제로 관리자가 전혀 필요 없는 사람도 있다. 그러나 강한 감독이 없으면 '성과 중심 업무 환경'의 성과 부분을 엉망으로 만드는 사람도 있다. 모든 사람이 책임감을 가질 수 있도록 하면 이 새로운 정책은 "난 내 일이 좋아!"라고 말하는 직원의 수를 늘릴 수 있는 훌륭한 기회가 될 것이다.

> "사람들에게 해야 할 일을 명령하지 마라. 그들에게 해야 할 일을 알려주고 그들이 결과로 나를 놀라게 할 때까지 기다려라." – 조지 S. 패튼 장군

57 돌고래와 함께 헤엄쳐라
성과 달성과 관련하여 직원의 유형을 바다 생물의 생태에 빗대 돌고래, 사시 돔발상어, 잉어, 상어 네 가지로 나눌 수 있다.

■ 돌고래

상어, 잉어, 사시 돔발상어 등 누구와 헤엄을 치든 돌고래는 매우 효율적으로 최고의 결과를 낸다. 게다가 이들은 회사의 가치를 실천하면서 이런 결과를 달성한다. 돌고래는 항상 앞서 생각하고 다음 전략을 세운다. 이들은 급변하는 환경으로부터 새로운 것을 배우고 적절하게 대응한다. 돌고래를 어떻게 대해야 하는지는 분명하다. 리더는 돌고래에게 조직의 일을 더 많이 맡기고 싶어 할 것이고 돌고래를 찾을 수만 있다면 당장 채용할 것이다.

■ 사시 돔발상어

돔발상어는 결과를 달성하는 데 매우 비효율적이다. 이들은 자기 일도 제대로 하지 못하면서 조직의 다른 사람들에게 일거리만 안긴다. 그걸로 충분하지 않은 돔발상어는 심지어 좋은 사람도 아니다. 다른 팀원들과 잘 어울리지 못하면서 성격까지 별로인 것이다. 이런 사

람들이 뭔가를 하겠다고 말을 해도 그걸 이행할 거라 믿을 수 없다. 사시 돔발상어는 개인적인 기준이 낮으며 그나마도 달성하지 못한다. 사시 돔발상어를 어떻게 처리해야 하는지도 분명하다. 사시 돔발상어는 내보내고 돌고래를 채용하는 것이다.

■ 잉어

정말 좋은 조직은 다음과 같은 문제로 고심한다. "잉어를 어떻게 하지?" 문제는 이들이 제대로 된 결과를 산출하지는 못하지만 정말 좋은 사람들이고 회사 사람들도 다들 이들을 좋아한다는 데 있다. 사실 잉어를 해고하면 조직이 얼마나 옳지 않은 방향으로 가고 있는지 이야기하는 다른 잉어들이 생긴다. 친구 잉어가 해고당했을 때 잉어들이 하는 말이 있다. "옛날에는 회사가 정말 가족 같았는데." "옛날에는 직원끼리 서로 진심으로 대했는데." 리더는 잉어에게 코칭, 카운슬링, 교육을 받게 하고 싶어 한다. 그게 효과가 없으면 어려운 결정을 내려라. 일은 잘 못하더라도 정말 성격 좋고 착한 직원을 중시하는 경쟁업체에 잉어를 보내버리는 것이다.

■ 상어

결과를 눈으로 보여주는 사람을 희생시키고 싶어 하는 사람은 아무도 없기 때문에 상어는 해고하기 참 어려운 직원이다. 상어의 문제점은 이들이 성과를 달성하는 방식이다. 상어는 긍정적인 리더 특유의 행동을 보이기는커녕 조직의 가치도 따르지 않는다. 상어가 즐겨하는 말은 "난 일을 하라고 돈을 받습니다"이다. 상어는 사람들을 들이받거나 윤리를 어기는 등 목표를 위해서라면 물불을 가리지 않는다. 잉어와 마찬가지로 상어도 코칭, 카운슬링, 재교육이 필요하다. 이런 사람들의 능력을 잃고 싶지 않겠지만 이들이 성과를 달성하는 방식은 조직의 탁월함에 큰 악영향을 미친다. 불행히도 코칭, 카운슬링이 효과가 없으면 상어도 떠나야 한다.

성과를 효과적으로 관리하려면 사시 돌발상어는 내보내고 돌고래의 수를 늘려야 한다. 이는 신속하게 이루어질 필요가 있는 쉬운 결정이다. 잉어와 상어의 경우 코칭, 카운슬링, 교육이 필요하다. 조직의 탁월함을 이루려면 다른 직원에게 상어와 잉어가 행동을 긍정적으로 변화시키거나 다른 곳으로 떠나가는 것을 보여주어야 한다.

> "견딜 수밖에 없는 상황에 스스로를 맞추는 법을 배워야 하지만 가능한 한 나에게 맞도록 상황을 바꾸거나 수정하려고 노력하는 게 더 중요하다." - 윌리엄 프레더릭 북

열쇠 8
모든 직원이 배우고 성장한다

우리는 이미 최고 기업 기준점에 속하는 조직이 보통 조직에 비해 업무 책임과 성과 측정 방법을 규정하는 데 더 뛰어나다는 걸 보여준 바 있다. 이런 조직의 리더는 직원에게 성과에 관한 건설적인 피드백을 제공하는 데에도 우수하다. 또한 직원이 일을 잘할 수 있도록 돕는 교육 프로그램과 더 뛰어난 인재로 거듭날 수 있게 하는 전문 지식 개발에 많은 투자를 한다. 최고 기업 기준점에 속하는 기업 직원의 84.1

퍼센트가 조직의 교육 프로그램이 우수하다고 답했을 뿐만 아니라 86.3퍼센트는 교육으로 업무 기술이 향상되었다고 했다. 이들 중 83.3 퍼센트가 앞으로 3년 내에 직장에서 경력과 관련한 기회가 있을 거라고 답하는 등 회사의 경력 지원에 대한 인식도 매우 긍정적이었다.

58 전 직원이 성장, 발전 계획을 갖게 해라

우리는 조직의 모든 직원에게는 배우고 성장하기 위한 계획이 필요하다고 굳게 믿는다. 대부분의 사람은 배우고 성장할 때 뭔가를 해내려는 마음도 먹게 된다. 자신의 일에서 정체된 것 같은 느낌을 받는 직원은 대개 자신의 발전이 저해되고 있다고 느낀다. 매년 종이에 나와 직속 부하 직원의 학습, 성장 목표를 구체적으로 적어라.

직원들에게 자신의 성장 목표를 정하게 하는 것이 중요하다. 여기에는 공식적인 교육이나 다른 직원, 부서와의 상호 교육, 또는 지역 대학 수강을 들 수 있다. 직원을 학습과 성장 목표 설정에 직접 참여하지 않으면 그들은 자기 의사가 제대로 반영되지 않았다고 생각하기 쉽다. 그리고 자기 의사가 제대로 반영되지 않았다고 생각하는 사람들은 의욕을 잃게 된다.

> "사람들의 성장과 발전은 리더십의 가장 중요한 사명이다."
> – 하비 S. 파이어스톤

59 멘토가 되어라

매년 멘토나 승계 계획Succession Plan 프로그램을 수립하려고 하는 조직은 수백 개에 이른다. 이런 프로그램의 목표, 즉 인재를 양성하겠다는 목표는 아주 멋지다.

우리가 지금까지 참여해 온 프로그램 중 최악의 프로그램이었던 것은 멘토와 후배를 공식적으로 배정하는 프로그램이었다. 조직의 인력개발부나 조직개발 부서가 멘토와 후배가 일 년에 몇 번을 만나야 하는지 등 프로그램의 내용을 정확하게 정해놓았다. 후배 사원은 자신이 멘토의 바쁜 스케줄에 방해가 되는 것처럼 느꼈고 멘토는 후배 사원에게 소중한 시간이 되도록 해야 한다는 압박감을 느꼈다. 멘토는 이런 질문을 하곤 했다. "제가 어떻게 해야 경력에 도움이 될 거 같으세요?" 강제로 마련된 한 시간 동안의 대화가 끝나면 양측 모두 해야 할 일 목록에서 멘토 만남을 지웠다.

최고의 멘토 프로그램은 직원이 사적, 공적으로 성장하고 발전하는 데 높은 가치를 두는 비공식적인 철학을 바탕으로 하는 프로그램이다. 조직의 리더가 직원의 성장과 발전을 돕는다는 가치를 실천에 옮길 때 멘토 프로그램은 놀라운 효과를 발휘한다.

예를 들어 리더는 의사소통 기술이 향상되면 부하 직원의 경력에 도움이 될 거란 생각에 직원을 토스트마스터 모임Toastmasters' meeting(발표, 발언을 학습할 수 있도록 만들어진 세계적인 프로그램 - 옮긴이)에 데리고 나갈 수 있다. 혹은 동료나 부하 직원을 개인적으로는 한 번도 참석해달라는 요청을 받은 적 없는 모임에 초대할 수도 있다. 아니면 멘토가 직원에게 지금 갖고 있는 능력을 최대한 발휘할 수 있는 프로젝트를 맡길 수도 있다. 이러한 것들은 조직의 누군가의 성공을 진심으로 바라는 리더의 예라 할 수 있다.

"적절한 때에 올바른 이유로 올바른 일을 하는 사람의 힘은 우리 사회에 커다란 영향력을 발휘한다." - 잭 켐프

60 계속해서 부하 직원의 책임을 늘려라

'창조적 활동'에 집중하고 놀라운 결과를 산출해낼 환경을 조성할 시간을 마련하려면 계속해서 부하 직원에게 일을 위임할 필요가 있다. 부하 직원에게 일을 맡기면 전술적인 업무로부터 벗어나 혁신으로 이어질 전략 업무에 집중할 수 있다. 또한 팀원의 발전에도 도움이 된다.

효과적으로 부하 직원에게 일을 맡기려면 두 개의 역학 관계가 동시에 작용해야 한다. 효율적으로 업무나 책임을 다른 사람에게 맡기기 위해 첫 번째로 해야 할 일은 상대를 신뢰하는 것이고, 특히 특정한 상대를 반드시 믿을 필요가 있다. 신뢰는 최고의 리더를 판가름하는 자질에 속한다.(3장에 나오는 단계에 따라 신뢰 관계를 형성할 수 있다.) 두 번째로 무언가가 잘못되면 상황을 해결할 능력을 갖고 있다는 확신이 있어야 한다. 다른 사람을 신뢰하고 스스로에 대한 확신을 갖는 것이 효율적인 업무 위임의 두 가지 핵심 요소다.

콜린 파월은 『콜린 파월 자서전』에서 레이건 대통령이 백악관 집무실에서 대통령 브리핑을 하는 자신의 사진에 서명한 이야기를 들려주었다. 사진 아래쪽에 레이건은 이렇게 썼다. "콜린, 당신이 그렇게 말한다면 그건 분명 맞는 말일 겁니다."[14]

"아무도 혼자 모든 일을 하고 모든 일의 공을 세우면서 훌륭한 리더가 될 수는 없다." - 앤드류 카네기

61 피그말리온이 되어라: 사람들을 믿어라

팀원들이 일을 해낼 수 있다고 믿는 것도 옳고 믿지 못하는 것도 옳다! 그리스 신화에 나오는 조각가 피그말리온은 상아로 이상적인 여성상을 조각하려고 했다. 그는 조각상에 갈라테이아라는 이름을 붙였다. 그 조각상은 너무나 아름다워서 피그말리온은 자신이 만든 작품을 깊이 사랑하게 되고 말았다. 그는 갈라테이아에게 생명을 불어넣어 달라고 비너스 여신에게 빌었다. 비너스는 그의 기도를 들어주었고 둘은 영원히 행복하게 살았다.

여기에 영감을 받은 조지 버나드 쇼는 〈피그말리온〉이라고 하는 희곡을 썼다. 브로드웨이 뮤지컬과 영화 〈마이 페어 레이디〉로 만들어진 그의 작품에는 고상한 척하는 음성학 교수 헨리 히긴스가 나와 자신이 런던의 꽃 파는 아가씨 일라이자 두리틀을 데려다 철저한 교육을 하면 상류사회에 공작 부인으로 소개할 수 있다는 내기를 한다. 그리고 히긴스는 성공한다.

핵심 포인트는 일라이자가 히긴스의 친구 피커링 대령에게 한 말에 있다. "아시다시피 정말로, 누구나 노력하면 얻을 수 있는 것(옷차림이나 예의바른 말투 등)을 제외하고 숙녀와 꽃 파는 여자의 차이점은 그녀가 어떻게 행동하느냐가 아니라 그녀가 어떻게 대우받느냐에 있어요. 전 항상 히긴스 교수님에게는 꽃 파는 여자일 뿐이죠. 그분이 저를 항상 그렇게 대하고 앞으로도 변함없을 테니까요. 하지만 대령님께서는 저를 항상 숙녀로 대해주셨고 앞으로도 그러실 테니 대령님께 전 숙녀가 될 수 있죠."

조직에서 나타나는 피그말리온 효과는 사람에 대한 기대가 근본적으로 그 사람의 행동과 성과에 영향을 미칠 수 있다는 것이다. 멘토가 자신이 맡은 부하 직원이 조직 안에서 훨씬 높은 지위에 오를 수 있다고 생각하고 최선을 다해 부하 직원의 성공을 위해 노력할 때 최고의 멘토, 부하 직원 관계가 이루어질 수 있는 실질적인 이유가 바로 이것이다. 누군가가 어떤 일을 해낼 수 있다고 믿으면 그 사람에게 더 많은 일을 맡기고 그 사람이 성장하고 발전하는 데 도움이 될 지식을 알려주게 마련이다.

> "당신이 할 수 있다고 생각하든, 할 수 없다고 생각하든 당신의 말은 옳다." - 헨리 포드

열쇠 9
문제는…… 문제 없어!

당신이 만약에 어떤 회사의 고객인데 문제가 생겼을 때 회사가 흔쾌히 신속하게 문제를 해결해준다면 그 회사에 단골이 되지 않겠는가? 최고 기업 기준점에 속하는 회사들은 이러한 생각이 옳다고 믿고 있는데, 이는 회사가 직원에게 문제 해결을 바란다고 답한 직원의 수가 90퍼센트나 된다는 데서 알 수 있다.(반면 전체 기업 기준점에 속한 기업에서는 회사가 직원에게 문제 해결을 바란다고 답한 직원 수가 73퍼센트에 불과했다.) 회사 내부와 외부 문제 모두 신속하게 문제를 파악하고 조치를 취하는 혁신적인 직원이 있으면 해결될 수 있다. 그것은 직원과 고객에게 동기를 부여하는 탁월한 조직 환경이다.

62 직원에게 권한을 부여해라

『웹스터 사전』에서는 '권한을 주다empower'란 단어를 '공식적인 권한을 주는 것'이라 정의한다. 진정한 권한 부여는 직원에게 상사나 관리자의 결재 없이 결정을 내리는 데 필요한 정보를 제공하는 것을 의미한다. 직원에게 완전한 자율권을 주려면 결정을 내릴 권한과 더불어 책임까지 지워야 한다.

이를 깨우친 조직은 정확하게 그렇게 일을 처리한다. 일례로 캘리포니아 유니버설 시티에 있는 쉐라톤 유니버설 호텔을 들 수 있다. 이곳의 프론트 데스크 매니저는 고객의 문제를 해결하기 위해 객실 업그레이드나 할인을 제공할 수 있는 완전한 권한을 갖고 있다.

직원에게 자율권을 부여한 유명한 조직으로 노드스트롬을 또 들 수 있다. 신입사원은 그 유명한 노드스트롬 직원 안내서를 받는다. 이 안내서는 12×20센티미터짜리 회색 카드 한 장으로 75개의 단어를 담고 있다.

노드스트롬 입사를 환영합니다

우리 회사에 입사하게 되어 반갑습니다. 우리의 첫 번째 목표는 뛰어난 고객 서비스를 제공하는 것입니다. 여러분의 개인적인 목표와 업무적인 목표를 높이 세우십시오. 우리는 여러분에게 그 목표를 달성할 능력이 있다고 굳게 믿습니다.

노드스트롬의 규칙은 다음과 같습니다. 규칙 1. 모든 상황에서 스스로 현명한 판단을 내리세요. 그외 다른 규칙은 없을 겁니다.

질문이 있으면 언제라도 부서 책임자나 점포 매니저, 총 책임자에게 자유롭게 물어보시기 바랍니다.

이 안내서는 직원에게 한 가지 목표를 분명하게 전달한다. 고객을 만족시킬 수 있는 일이라면 무엇이든 하라는 것이다. 같은 말을 하는 조직은 많지만 직원들이 실제로 그렇게 행동할 수 있도록 하는 조직은 없다. 이런 조직의 권한 부여 수준은 기껏해야 "스스로 결정을 내리지 않는 한도 내에서 자율적으로 행동해라"나 "결정을 내리기 전에는 나한테 물어라" 정도다. 더 나쁜 경우에는 "어째서 그런 결정을 내린 거죠? 지금 큰 문제가 생겼잖아요."라고도 할 수 있다.

고객 서비스의 품질을 높이거나 고객 문제를 해결하기 위해 결정을 내릴 권한이 있느냐는 질문에 최고 기업 기준점에 속하는 직원의 85퍼센트가 "그렇다"는 긍정적인 답변을 했다. 전체 기업 기준점에 속하는 기업의 긍정적인 답변은 대략 79퍼센트였다. 두 기준점의 데이터를 통해 직원의 생각을 중시하는 회사는 책임을 지고 옳은 결정을 내릴 권한을 직원에게 이양하려 노력한다는 걸 알 수 있다.

오늘날의 힘든 비즈니스 환경에서 직원의 자율권은 고객 서비스 수준을 높이고 경영진에게 사업을 경영하고 중요한 전략적 결정을 내릴 시간을 마련해줄 수 있다.

> "최고의 관리자는 훌륭한 사람을 골라서 자신이 원하는 바를 시킬 수 있을 만큼 분별력이 있고 아랫사람이 일을 처리하는 동안 간섭하지 않을 만큼 자제력이 있는 사람이다." - 테오도어 루즈벨트

63 신속하게 문제를 파악하고 해결해라

대부분의 조직이 문제 파악에는 아주 뛰어나다. 최고의 조직이 보통 조직과 다른 점은 문제를 신속하게 해결한다는 점이다. 이

예에 딱 들어맞는 어떤 메이저 리그 스포츠 구단과 함께 일한 적이 있었다. 시즌 개막 3개월 전 야구팀 사람들은 첫 세 게임의 관중 수가 목표에 미치지 못할 거라는 의견을 내놓았다.

첫 세 게임이 지났다. 불꽃놀이와 경품 행사에도 불구하고 관중 수는 기대에 미치지 못했다. 인터뷰에서 한 직원이 이런 말을 했다. 팀의 전임 대표가 시즌 개막 두 달 전에 회의를 소집해서 관중 수를 늘리기 위한 범 부서 차원의 행동 계획을 마련하도록 했어야 했다는 것이다.

최고 조직의 리더는 문제에 대한 분명한 입장을 갖고 있다. 문제가 있기 때문에 리더가 필요하다는 거다. 아무 문제도 없다면 리더가 필요 없을 가능성이 크다. 어떤 사람이 이렇게 말했다. "문제가 없는 사람은 죽은 사람밖에 없다." 이 말을 다른 쪽에서 생각해보면 문제가 많은 사람일수록 분명 살아있는 것이다! 신속하게 해결하기만 하면 문제는 조직을 훨씬 강하게 만든다.

리더는 반드시 조직의 운영과 생산성에 위협이 되는 문제에 대한 해결책을 마련하고 책임을 져야 한다. 직속 부하나 동료가 찾아와서 어떤 문제에 대해 이야기하면 먼저 주의 깊게 듣고 직접 조사를 해서 효과적인 조치를 준비하는 게 매우 중요하다.

경쟁이 치열한 시장에서 리더는 아주 사소해 보이는 문제가 걷잡을 수 없이 커져 결국 조직을 해치는 괴물이 되는 일이 없도록 주의해야 한다.

> "'어떻게'를 중심으로 생각하는 사람들은 아무 소용없는 '만약에'에 시간을 낭비하지 않고 즉시 창의적으로 '어떻게'에 집중하기 때문에 문제를 효과적으로 해결한다." – 노먼 빈센트 필

중요한 것은 고객이다

오늘날 고객 서비스에 아무런 관심이 없다고 인정하는 회사를 찾기란 어려울 것이다. 결국 서비스는 고객의 생각 속에서 한 회사를 다른 회사보다 높은 위치에 있게 하는 중요한 특성이다. 서비스는 궁극적으로 최종 결산 결과를 높여주는 단골 고객을 끌어들인다. 최고 조직에서는 94.3퍼센트나 되는 직원이 자신의 회사가 고객 서비스에 높은 가치를 두고 있다고 답했다. 그러나 이런 조직이 자신의 말을 실천한다는 걸 보여주듯 89퍼센트는 회사의 정책과 절차 덕분에 양질의 서비스를 제공할 수 있다고 말했다. 이런 지원책이 바로 그저 좋은 회사와 훌륭한 최고 기업을 가르는 주목할 만한 차이다.

64 고객과 직원의 욕구를 모두 충족시키는 정책과 절차를 마련해라

수십 년 동안 캘리포니아 차량국은 사람들이 늘 줄지어 서 있는 끔찍한 관료주의의 공간으로 유명했다. 운전면허증을 받으려는 줄, 면허시험을 치르려는 줄, 운전 기록 사본을 떼려는 줄이 항상 서 있었고 그밖에 차량국으로부터 뭔가를 받으려는 사람들이 서 있는 줄이 따로 있었다. 놀라운 점은 이러한 줄이 만들어진 한 가지 목적이 차량국 직원의 편의였다는 점이었다. 고객 입장에서는 여러 가지 일을 처리하기 위해 여러 번 줄을 서야 하는 게 전혀 편한 일이 아니었다.

여러 번 줄을 서야 하는 문제점 외에도 차량국에는 모든 직원이 11

시 반부터 1시까지 점심시간을 갖도록 되어 있는 실망스러운 정책이 있었다. 그렇다. 우리는 모두 이것이 정해진 점심시간이라는 데에는 동의한다. 그러나 이 시간은 바로 대부분의 사람이 볼일을 보러 차량국에 들를 수 있는 시간이기도 하다.

지금은 차량국에 전화를 걸어 차와 관련한 문제를 처리할 시간을 예약할 수 있다. 이런 예약이 노드스트롬에서의 개인적인 쇼핑 경험과는 같을 수 없겠지만 줄을 서느라 하루를 허비하는 것보다는 낫다.

조직이 고객에 편리한 새로운 정책을 만들 때 시행 초기에는 직원이 새로운 정책을 완전히 익히기가 어려울 때가 많다. 시간이 지나면 직원은 고객이 만족하는 모습을 보면서 일하는 게 훨씬 더 좋다는 걸 알게 되고 새로운 정책이 일상이 된다. 이렇게 고객을 염두에 두고 정책과 절차를 만들면 조직의 탁월함을 창출하는 데 도움이 된다.

기억해라. 첫 번째 목표는 직원이 일하러 오고 싶고 고객이 거래하고 싶은 환경을 만드는 것이다. 직원과 고객이 필요로 하는 바를 충족시키기 위해 유연한 정책을 설계하는 것이 조직의 성공에 매우 중요하다. 서비스를 제공하는 직원이 적극적으로 참여하지 않고서는 고객을 만족시키기 어렵다. 시간제 고용이나 유연 근무제, 재택 근무와 같은 정책은 직원의 참여의식을 높여 고객의 욕구를 충족시키겠다는 마음이 들게 하는 데 도움이 될 수 있다. 성과에 관한 한 정규 시간 내내 일하는 사람보다 더 큰 성과를 내는 파트타임 직원도 있다.

앞으로는 자질이 훌륭한 직원의 수가 부족하게 될 것이다. 직원의 욕구를 충족시키는 정책을 세우고 단골고객을 만들 관계를 형성해야 조직은 미래에 더 큰 성공을 이룰 수 있을 것이다.

"고객은 완벽을 기대하는 게 아니라 뭔가가 잘못 됐을 때 그걸 해결해주길 바란다." - 도널드 포터

65 이미 죽은 말은 때리지 마라

유명한 레이디 소아 병원Rady Children's Hospital 전문 소생술 팀의 베테랑 호흡기 치료 전문가 메리 브래들리는 팀 회의에 작은 말 인형을 가지고 왔다. 팀원들이 몇 번이나 어떤 문제에 대해 계속 불만을 토로하기 시작하자 브래들리는 회의실 한가운데에 인형을 던지고 팀원들에게 막대기를 나누어주었다. 그리고 말했다. "우리가 이 문제를 끝낼 수 없다면 이 죽은 말을 한 번 더 때려야겠네요." 아무도 말 인형을 때리려고 들지 않았기 때문에 전체 팀은 다시 상황을 개선시키기 위해 필요한 조치에 집중할 수 있었다. 사람들이 죽은 말을 때리려고 들 때에는 고객과 비전을 생각하지 않는 경우가 태반이다.

결과가 달라질 가능성이 없는 문제를 계속해서 꺼내는 게 바로 죽은 말을 때리는 것이다. 얼마나 열심히, 얼마나 오랫동안 때리든 말이 일어나서 달릴 리가 없기 때문에 이는 아무런 목적 없는 행동이다. 불행히도 사람들 중에는 이런 행동을 그만두지 못하는 사람들이 있다.

이런 팀원을 해결하기 위해 우리는 인터넷에서 26가지의 맞춤식 전략을 찾았다. 한 번 시도해봐라.

1. 말 중에는 정말로 고집불통인 말이 있다. 더 센 채찍을 사라!
2. 죽은 건 말을 탄 사람일지도 모른다. 사람을 바꿔라!
3. "우리는 항상 이 말을 이런 식으로 탔어"라고 말해라.
4. 말을 연구할 위원회를 조직해서 "이 돼지에게 립스틱을 칠하면 될 거

같아" 등과 같이 말을 다시 살려낼 방법을 추천하게 해라.

5. 다른 조직 방문 일정을 잡아서 그들이 죽은 말을 어떻게 타는지 봐라.

6. 죽은 말을 탈 기준을 높여라.

7. 팀원에게 죽은 말 외에 다른 어떤 문제도 논의하지 못하게 해라.

8. 조직개발팀에 회사의 말 타기 능력을 향상시킬 강제 교육 과정을 만들게 해라.

9. 회사의 강한 리더에게 "이 말은 절대 제가 지켜보는 앞에서는 죽지 않을 겁니다"라는 내용의 연설을 시켜라.

10. "이 말은 죽었다"라는 걸 증명하는 필수요건을 바꾸어라.

11. 죽은 말을 타는 사업 지식이 없는 협력업체나 컨설턴트를 고용해라.

12. 힘과 속도가 증가했다는 인식을 주기 위해 죽은 말 여러 마리에다 마구를 채워라.

13. "세상에는 때릴 수 없을 만큼 죽은 말은 없다"고 선언해라.

14. 말의 '기능적 생명'을 연장하기 위해 자금을 추가로 제공해라.

15. 협력업체가 말을 더 싼 가격에 탈 수 있는지 비용-이익 분석을 해라.

16. 말에게 심폐소생술을 실시하기 위해 가장 싼 가격의 컨설턴트를 찾는다는 공고를 내라.

17. 돈을 주고 이미 죽은 말을 사라. 새로 죽은 말에 투자를 하는 건 소용없는 짓이다.

18. 죽은 말의 속도를 높일 제품을 구매해라.

19. 말이 이제 '보다 우수하고, 보다 빠르며, 보다 싸다'고 선언해라.

20. 죽은 말의 새 용도를 찾기 위해 모든 아이디어가 존중되는 브레인스토밍 회의를 열어라.

21. 죽은 말을 다시 살릴 수 있도록 직원에 자율권을 주어라.

22. 죽은 말이 태어난 말 농장을 통폐합해라.

23. 죽은 말을 경영진으로 승진시켜서 보다 많은 죽은 말이 보상을 받을 수 있도록 해라.

24. 죽은 말의 이름을 '패러다임의 변화'로 바꾸고 몇 년간 계속 타라.

25. 사람들에게 "생각의 틀에서 벗어나라"고 말하고 죽은 말을 '더 열심히'가 아닌 '보다 영리하게' 타라.

26. IT 헬프 데스크 팀을 참여시켜라. 이들이 컨트롤, 알트, 딜리트 키를 눌러 죽은 말을 재부팅하는 법을 알려줄 것이다. 맨 처음 말을 죽이고 헬프 데스크를 부르게 만든 똑같은 과제를 재시도해보기 전까지는 말이 잠깐 다시 살아나더라도 놀라지 마라.

위의 방법이 다 실패하면 컨설턴트를 고용해서 앞으로 수년 동안, 공중에 네 다리를 꼿꼿하게 편 채 죽어 있는 말을 행복하게 타는 고객에 대한 강력하고 긍정적인 비전을 만드는 것을 도와달라고 해라.

> "어느 기업이든 기억해야 할 가장 중요한 것은 회사 건물 안에는 어떤 성과도 없다는 것이다. 사업의 성과는 만족한 고객이다." - 피터 드러커

66 고객이 항상 옳은 건 아니라는 것을 인식해라

고든 베튠은 1994년 보잉사를 떠나 당시 미국에서 다섯 번째로 규모가 컸던 콘티넨털 항공의 사장이자 CEO가 되었다. 베튠이 취임했을 때 월 손실이 5,500만 달러에 이르렀던 콘티넨털 항공은 미국 10대 항공사 중 서비스가 최악인 항공사로 정평이 나 있었고 10년 사이 3번째 파산을 선언할 위기에 처해 있었다. 그러나 2년 만에 콘티

넨털 항공은 이윤을 내기 시작했고 이후 11분기 동안 연속해서 기록적인 수익을 내며 고객 만족 조사에서 최고 항공사로 꼽혔다.

베튠이 베스트셀러 『꼴찌에서 일등으로From Worst to First』에서 설명한 바에 따르면 콘티넨털 항공을 회생시키며 그가 강조했던 건 고객과 직원을 만족시키고 이들 모두가 항상 콘티넨털 항공이 그들을 대하는 방식에 불만이 없게 하는 것이었다고 한다. 그러나 베튠은 "고객이 항상 옳다"는 상투적인 철학이 언제나 콘티넨털 항공에 적용되었던 것은 아니며 직원과 무례한 고객과의 갈등이 일어날 때면 다음과 같이 자신은 직원의 편에 섰다는 점을 분명히 했다.

다시 우리 고객으로 되돌릴 수 없는 고객을 만났을 때 우리는 직원의 편에 선다. 이들은 매일 같이 이런 일을 견뎌야 한다. 단지 비행기 표를 샀다는 이유만으로 우리 직원을 괴롭혀도 되는 건 아니다. …… 매달 우리 회사를 이용하는 사람의 수는 3백만 명이 넘는다. 이중에는 불합리한 요구사항이 많은 짜증나는 사람이 한둘 있게 마련이다. 매일 나와 함께 일하며 상품과 서비스를 만드는 직원을 도울 것인가, 아니면 땅콩이 떨어졌다고 화를 내며 파리 행 무료 비행기 표를 달라고 하는 인간을 도울 것인가를 선택해야 할 때 어느 쪽을 택하겠는가? 직원을 절대 노예처럼 대해서는 안 되며 그들을 소중히 여겨야 한다. …… 고객이 경우에 맞지 않는 행동을 했을 때에도 리더가 직원의 편을 들지 않는다는 인식이 심어지면 아주 하찮은 문제도 불만의 원인이 될 수 있다.

전 콘티넨털 항공 CEO, 고든 베튠[15]

베튠은 나치와 KKK 상징이 새겨진 모자를 쓴 한 승객의 아이로부터 불쾌한 일을 당하고 그 사람에게 모자를 치우라고 했던 승무원의 편을 무조건적으로 들었던 이야기를 책에 썼다. 그 승객은 매우 화가 나서 욕설이 가득 담긴 편지를 몇 차례나 보냈고 심지어는 콘티넨털 항공 본사로까지 찾아왔다. 어떤 고객 서비스로도 그의 마음을 달랠 수가 없었다. 베튠은 이런 결론을 내렸다. "그는 우리 항공사의 표를 샀다. 그건 우리가 그를 원하는 곳으로 데려다주겠다는 뜻이다. 그러나 그가 무례하고 공격적으로 나온다면 우리는 그가 다른 항공사를 택하길 바란다."

사우스웨스트 항공의 창립자 중 한 사람인 허브 켈러허는 무례한 고객의 비위를 맞추는 것보다 직원의 편에 서는 게 더 중요하다는 경영 철학을 공식적으로 표명한 바 있다. 켈러허가 이 철학을 몸소 실천한 예는 우리의 좋은 친구 케빈 프라이버그와 재키 프라이버그가 쓴 『너츠! 사우스웨스트 효과를 기억하라』에 잘 나와 있다.

고객관리 이사 짐 루펠과 기업 채용 이사 셰리 펠프스는 사우스웨스트 항공을 애용하면서도 회사 운영 방식의 모든 면에 불만을 표출하던 한 여자 이야기를 들려주었다. 실제로 그 여자는 비행기를 탈 때마다 불만이 담긴 편지를 보내와서 '펜팔 친구'라는 별명까지 붙게 되었다. 그 여자는 사우스웨스트 항공이 좌석을 지정하지 않는 게 마음에 들지 않았고, 일등석이 없는 게 마음에 들지 않았고, 기내식을 제공하지 않는 게 마음에 들지 않았고, 탑승 절차가 마음에 들지 않았고, 승무원의 덜 딱딱한 유니폼과 분위기가 마음에 들지 않았다. 심지어는 땅콩까지 싫다고 했다! 장황하게 불만사항들을 읊어댄 그 여자의 마지막 편지에 사우스웨스트 항공의 고객관리 직원들은 잠시 어이가 없어서 아무 말도 하지 못했다.

펠프스는 설명한다. "사우스웨스트 항공은 회사에 오는 모든 편지에 답장을 한다는 데 자부심을 느끼고 있으며 몇몇 직원은 어째서 우리가 그런 식으로 서비스를 제공하는지 참을성 있게 설명하면서 그 고객에 응대하려고 했다. 우리의 응대는 금세 엄청난 양의 편지로 돌아와 결국 '켈러허 씨 앞'이란 쪽지와 더불어 켈러허의 책상 위에 놓였다. 켈러허는 60초 만에 이런 답장을 썼다. '크랩애플 씨, 그동안 감사했습니다. 허브 켈러허 올림'"**16**

조직에서 고객이 옳은 경우도 많지만 고객이 옳지 않는 경우도 항상 있게 마련이다. 그러한 경우 직원의 편을 드는 것이 옳은 일이다. 무례한 고객을 경쟁업체로 보내버리는 건 아주 훌륭한 전략적 조치다. 이렇게 하면 직원과 경영진 간에 놀라울 정도로 돈독한 관계도 형성된다. 고든 베튠이 매우 공을 들여 강조했듯 고객은 끊임없이 왔다간다. 하지만 직원은 낮이나 밤이나 우리와 함께 한다. 리더가 궁극적으로 책임져야 할 대상은 바로 그들이다.

"가장 불만이 많은 고객으로부터 가장 많은 걸 배울 수 있다." - 빌 게이츠

67 고객이 특별한 대우를 받고 있다고 느끼게 해라

사람들에게 물어보자. "다른 사람으로부터 서비스를 받을 때 어떤 점을 원하십니까?" 다음과 같은 대답이 나올 것이다.

- "존중받고 싶습니다."
- "다른 사람이 절 인정해줬으면 좋겠습니다."

- "제가 필요로 하는 바를 충족시켜줬으면 좋겠습니다."
- "제가 찾고 있는 걸 신속하게 찾았으면 좋겠습니다."
- "제 질문에 누가 답을 해줬으면 좋겠습니다."
- "저한테 웃으면서 서비스를 해줬으면 좋겠습니다."
- "제가 원하는 걸 빨리 가져다줬으면 좋겠습니다."
- "제가 한 일을 고마워하는 사람이 있었으면 좋겠습니다."

고객에게 서비스를 제공하며 그들이 필요로 하는 바를 정확하게 충족시킬 때 조직은 고객의 욕구를 만족시켰다고 자신 있게 말할 수 있다.

나는 유나이티드 항공사에서 불쾌한 경험을 한 일이 있었다. 캘리포니아 중부에 있는 산타마리아 공항에 비행 출발 시간 40분 전쯤에야 도착한 일이 있었는데, 티켓 창구에 혼자 있던 직원은 내가 비행 한 시간 전까지 도착하지 않았기 때문에 탑승권을 받을 수 없다고 했다. 직원이 곧 착륙할 비행기를 맞이하러 창구를 떠나 활주로 쪽으로 가려고 했을 때 나는 한 시간 전에 미리 와야 하는 줄 몰랐다고 했다. 그러자 직원은 카운터에 있던 책자를 꺼내 한 시간 전에 미리 와 있으라는 내용에 동그라미를 쳐서 나에게 건네고 창구를 떠났다. 그리고 난 비행기를 타지 못했다.

난 화가 났지만 산타마리아에서 샌디에이고까지 자동차를 타고 갈 생각이 아니라면 외교적으로 협상을 하는 게 낫다는 생각이 들 정도의 머리는 있었다. 원래 타고 갈 예정이었던 비행기가 떠난 지 두 시간 후 그 게이트 직원은 로스앤젤레스로 향하는 다음 비행기에 날 탑승시켜주었다. 집에 도착하자마자 난 다음과 같은 내용의 불만이 담긴 이메일을 유나이티드 항공사에 보냈다.

귀사의 목표가 산타마리아 영업을 중지하고 승객들이 샌루이스오비스포에서 아메리칸 에어라인으로 갈아타게 하는 거라면 산타마리아 티켓창구 직원들은 정말 일을 잘하고 있더군요.

6주 후 유나이티드 항공사에서는 '즉시' 다음과 같은 내용의 답장을 보내왔다.

스타크 씨께

산타마리아 공항에서 근무하는 저희 직원을 칭찬하는 편지에 감사드립니다. 저희는 소중한 고객 여러분께 헌신하는 직원의 노력을 매우 자랑스럽게 생각하고 있습니다. 귀하께서는 저희 직원의 직업정신에 소중한 칭찬을 해주셨습니다. 바쁘신 데도 불구하고 시간을 내서 편지를 써주신데 대해 저희 직원들도 매우 감사할 것입니다. 저는 귀하의 이메일과 함께 훌륭하게 맡은 바 책임을 다해줘서 고맙다는 내용의 글을 저희 직원에게 보낼 것입니다. 이렇게 귀하께 도움을 드릴 기회가 생기게 되어 매우 기쁘게 생각하며 앞으로도 저희 항공사를 이용해주시기 바랍니다.

어처구니가 없었다. 그날 바로 나는 유나이티드 항공사에 다음과 같은 답장을 보냈다.

제가 보낸 이메일을 누가 읽기는 한 겁니까? 문제를 더 악화시키고 계시군요.

일주일 후 유나이티드 항공사에서 다음과 같은 답장이 왔다.

저희에게 또 연락을 주셔서 감사합니다. 제가 이전에 보내드린 답장에서 제가 고객님의 이메일을 읽지 않았다는 인상을 받으셨다면 죄송합니다. 대부분의 이메일 내용이 형식에 얽매이지 않은 편안한 내용이지만 이 문제에 대한 고객님의 감정을 분명 존중합니다. 고객님께서 보내주신 내용을 잘 이해했고 저희에게는 매우 소중한 의견이었습니다. 고객님이 다음 여행을 가실 때 저희가 또 모시게 될 수 있기를 바랍니다.

내가 특별대우를 받은 건가? 어쩔 수 없이 유나이티드 항공사를 이용하기로 한 것에서 특별대우를 받았다고 느껴야 하는 건가? 그것도 다른 선택의 여지가 없었을 때!

유나이티드 항공사와 이런 편지가 오갈 무렵 아마존닷컴에 주문을 한 게 하나 있었다. 아마존에서는 즉시 내가 주문한 상품이 품절이라는 내용의 이메일을 보내왔다. 불편을 끼쳤으니 물건이 혹시 다시 들어오면 주문한 상품의 배송료를 무료로 보내주겠다고 했다. 나는 아마존에 다음과 같은 이메일을 보냈다.

제가 주문한 상품이 오늘 발송되지 못한다는 점과 이제 배송료가 무료라는 점을 알려주셔서 감사합니다. 훌륭한 서비스에 정말 감사드립니다.

첫 번째 이메일을 보낸 지 1시간 6분 만에 다음과 같은 내용의 답장을 받았다.

아마존닷컴에 고객님의 따뜻한 의견 보내주신 점 감사드립니다. 저희는 고객님들께서 영원히 잊지 못할 수준의 서비스를 제공해드리고 싶습니다. 그리고 그런 서비스를 받으셨다는 말을 들을 때마다 항상 기쁩니다. 시간을 내셔서 저희에게 이메일을 보내주신 점 정말 감사드립니다. 고객님의 주문이 제대로 처리되길 바라며 아마존닷컴에서 쇼핑해주셔서 정말 감사합니다!

안녕히 계세요.

아마존닷컴 고객 서비스부

하지부 메타

아마존은 이 온라인 세상에서도 고객으로 하여금 특별대우를 받고 있다는 느낌을 갖게 하는 방법을 잘 알고 있다. 유나이티드 항공사의 그 창구 직원은 특별대우까지는 아니더라도 내가 어떤 기분일지를 별로 신경 쓰지 못했을 수 있다. 놀라운 점은 연설이 끝나고 우리에게 찾아와 이렇게 말하는 사람들이 많다는 거다. "아주 훌륭한 예였습니다. 두 업체 다 이용해본 적이 있는데 많은 차이를 느꼈습니다."

꽤 간단하다. 아주 뛰어난 서비스를 제공하고 브랜드 위상을 높이고 싶다면 고객들이 특별한 대우를 받고 있다고 느끼게 해라.

"가격과 품질 면에서 동등한 수준을 제공하는 것만으로는 게임에 참여할 수 있을 뿐이다. 게임에서 승리하는 건 서비스다." - 토니 알레산드라

67

THE ONLY LEADERSHIP BOOK YOU'LL EVER NEED

4부

탁월한 조직의
가치는
가늠할 수 없다

7장
탁월한 조직 만들기의 결과

사업을 위해 돈을 주고 살 수 있는 건 셀 수 없이 많다. 직원이 필요로 하는 바를 지원하기 위해 최고 수준의 기술과 장비를 살 수도 있고 아름답고 말쑥한 사무실에 들여놓을 멋진 가구를 살 수도 있다. 최우수 직원을 적절히 칭찬해주기 위해 포상을 할 수도 있고 직원의 잔심부름을 할 사람이나 업무 환경의 스트레스를 줄여줄 안마사를 고용할 수도 있다. 심지어는 이 세상 어디에서도 받을 수 없는 임금을 주며 사람을 살 수도 있다.

그러나 아무리 열심히 노력해도, 직원들이 일하러 오고 싶고 고객이 거래하고 싶은 환경으로부터 나오는 6가지 중요한 결과는 돈을 주고 살 수 없다.

보통 조직이 최고 기업 기준점에 속하는 기업과 경쟁하기가 힘든 이유는 최고 기업은 이런 결과를 이미 달성했기 때문이다. 아무리 열심히 노력해도 이런 결과는 돈으로 살 수 없다. 그 때문에 이런 결과의 가치를 가늠할 수 없다고 하는 것이다.

공정한 대우를 받고 있다고 느끼는 직원

최고의 조직은 직원에게 공정한 대우를 하는 것과 똑같이 대우하는 건 다르다는 걸 잘 알고 있다. 모든 사람을 똑같이 대한다면 장애인에게 특별 주차 구역이나 건물로 들어가는 특수 진입로를 제공할 필요도 없을 것이다. 그러나 건물에 특별 주차 구역과 장애인 화장실이 없다면 그건 공정하지 않은 것이다.

고객은 공정이란 개념을 아주 잘 알고 있다. 그렇기 때문에 항공사의 마일리지 프로그램이 단골고객을 형성하는 데 높은 효과가 있는 것이다. 식료품 가게에서 전 달에 250달러어치를 구매한 고객에게 다음 물건 구매 시 5달러를 깎아주는 쿠폰을 줬다고 해서 뒤에 서 있던 손님이 "이봐요, 그건 공평하지 않잖아요"라고 하는 경우는 없다.

최고의 조직에서 일하는 직원은 고객과 많은 점을 공유한다. 이들은 공정한 대우를 받는다는 게 뭔지 잘 알고 있고 그것을 높이 평가한다. 그들은 그것이 똑같은 대우를 받는 것을 의미하지 않는다는 걸 인정한다. 이는 최고의 조직이 그저 자기 일만 하는 직원보다 혁신적인 아이디어를 제공하고 쉴 새 없이 문제 해결을 위해 노력하는 직원을 칭찬하고 인정하는 이유이다.

같은 이유로 최고의 조직들은 최우수 직원에게 돌아가는 보상을 차별화하기 위해 특별히 노력한다. 직원들에게 성과 기준을 분명하게 알려주고 거기에 대한 책임을 지게 하면 조직 내에 특혜favoritism가 존재한다는 인상을 지우는 데 도움이 된다. 직원 인식조사에 나오는 모든 항목과 관련하여 최고 기업 기준점과 전체 기업 기준점을 비교했을 때 특혜와 관련된 질문이 가장 큰 폭의 차이를 보였다. 최고 기업 기준점이 전체 기업 기준점에 비해 29.3퍼센트 포인트나 높게 나온 것이다.

최근, 아무런 인정을 받지 못한 직원을 화나게 하는 결과밖에 낳지 않기 때문에 성과를 공개적으로 칭찬하지 않는 정책을 채택했다고 하는 CEO를 만난 적이 있었다. 저런, 그건 원래 그런 것이다! 기분이 상하는 직원이 있다는 말은 맞지만 상을 받지 못한 직원에게 약간 불편한 감정을 느끼게 하는 건 나쁜 게 아니다. 최우수 직원을 칭찬하고 보상하는 방법만 공정하다면 아마 많은 사람이 이렇게 얘기할 것이다. "나도 놀라운 성과를 낼 수 있다고." 이들은 자신이 기여하는 바를 훨씬 더 높은 수준으로 끌어올리고자 할 것이다.

정책, 절차, 임금 체계가 공정하지 않은 회사에 다니는 직원들과 인터뷰를 하면 대부분의 최우수 직원들은 이런 질문을 한다. "매일 지각하고 하루 종일 진짜 일은 2시간밖에 하지 않는 사람들과 임금 인상폭이 똑같은데 제가 왜 군이 하루에 12시간을 일하겠습니까?" 아주 좋은 질문이다.

분명 성과 기준을 분명하게 전달하고 사람들에게 그에 대한 책임을 물으면 공정하고 특혜가 없는 환경을 만드는 데 도움이 된다. 최우수 사원을 인정하고 보상하는 체계는 공정한 것이지 모두에게 동등한 것은 아니라는 메시지를 전한다. 데이터에 따르면 최고 기업 기준점에 속하는 기업에서는 이런 개념이 기업 문화 속에 강하게 뿌리를 내리고 있다. 이들은 "우리 회사에서 나는 공정한 대우를 받고 있다"는 문항에서 전체 기업 기준점에 속하는 기업에 비해 14.9퍼센트 포인트 앞섰다.

결과 2

경영진에 대한 신뢰

직원이 관리자 혹은 경영진을 신뢰하고 있는가? 중간 관리직에 대한 신뢰 혹은 직속 상사에 대한 신뢰가 없으면 최고의 조직이 되는 건 거의 불가능하다.

신뢰는 엄청난 이익을 가져다준다. 2005년 왓슨 와이어트 월드와이드 연구에서는 도덕적으로 높이 평가받는 기업(고위급 경영진의 일관성, 의사소통 및 기타 신뢰를 결정하는 행동에 대한 직원 인식조사의 평가를 토대로 측정)이 그렇지 못한 기업에 비해 두 배 이상 높은 수익을 낸 것으로 나타났다.[1]

불행히도 조직에서의 신뢰는 규정하기 힘든 자산이다. 신뢰는 조직의 탁월함을 실천하는 10가지 열쇠를 조직이 얼마나 잘 실행에 옮겼느냐에 달려있다. 우리의 데이터에 따르면 경영진, 특히 고위급 경영진에 대한 신뢰 결여는 조직의 탁월함을 만들어내는 조직의 능력에 막대한 영향을 끼치는 것으로 나타났다. 예를 들어 "나는 경영진을 신뢰한다"는 문항에서 최고 기업 기준점에 속하는 기업은 전체 기업 기준점에 속하는 기업에 비해 16퍼센트 포인트 높은 점수를 받았다.

높은 자리에 올라갈수록 직원과 일대일 관계를 맺을 시간이나 기회가 거의 없기 때문에 직원과의 강한 신뢰를 쌓기가 어려워진다. 직원의 72.9퍼센트가 경영진을 신뢰하고 있다고 강한 긍정 혹은 긍정의 답변을 했지만 직속 상사를 신뢰한다고 답한 직원은 이보다 훨씬 많았다(80.6퍼센트).

난 내 일을 사랑해요!

당신은 이 세상에서 솔직하게 "난 내 일을 사랑합니다"라고 말할 수 있는 '행운'의 사람인가? 우리는 이 '행운'이란 단어를 강조한다. 일을 사랑하면 일은 일처럼 느껴지지 않기 때문이다. 지금 하는 일이나 일하는 곳을 사랑하지 않을 때 세상에 일보다 힘든 건 없다.

우리는 "난 내 일을 사랑합니다"라고 자랑스럽게 말하는 사람을 수백 명이나 인터뷰해왔다. 이런 인터뷰로부터 이런 사람들과 그들의 업무 환경만이 갖는 네 가지 중요한 특징을 파악할 수 있었다.

첫째, 자신의 일을 사랑하는 참여정신이 강한 직원들은 일을 잘하고 일 처리방식에서도 자신감이 넘친다. 다시 말해 이들은 일솜씨가 뛰어나고 일을 어떻게 해야 하는지도 잘 알고 있다.

둘째, 이런 참여정신이 강한 직원은 일의 여러 가지 면을 즐긴다. 이들은 매일 같은 일을 반복해서 하지 않는다. 어느 날은 중요 고객과 만나고, 또 어느 날은 직원 문제를 처리한다. 그리고 새로운 상품이나 서비스의 아이디어를 궁리하기도 한다. 마지막으로 이들은 시간을 내서 보이스 메일이나 이메일에 답장을 한다. 매일 매일이 다른 것이다.

셋째, 이런 직원들은 자신이 맡은 바를 완수하기 위해 필요한 결정을 내리고 조치를 취할 자율권을 갖고 있다.

넷째, 자신의 일을 좋아하는 사람은 일을 완수하고자 하는 도전의식을 갖고 있다. 이들은 자신이 맡은 바를 해내기 위해 반드시 머리를 쓴다. 일이 쉽다고 하는 사람도 있지만 그래도 모든 사람이 자신이 하고 있는 일을 제대로 할 수 있는 건 아니라는 말도 덧붙였다.

자신의 일을 사랑하는 사람들은 자기가 맡은 일이 중요하다고 생각하는 경우가 대부분이다. 미국의 유명한 파웨이 통합 학군의 교육청장 돈 필립스는 나와의 인터뷰에서 다음과 같은 말로 이를 잘 보여주었다. "우리는 우리 시간을 정말로 중요한 일에 쓰고 있습니다. 그리고 저는 우리가 그 일을 잘 해내고 있다고 생각합니다."

주목할 점은, 일을 사랑하는 직원 중에서 다음과 같은 말을 덧붙이는 사람은 거의 드물다는 점이다. "그리고 저는 돈도 정말 좋아해요." 돈으로 일에 대한 사랑을 살 수는 없다. 돈만 충분히 주면 적어도 일을 싫어하지는 않을 수 있다고 말하는 사람도 있다. 우리는 그렇게 생각하지 않는다. 정말 많은 돈을 받으면서도 자신의 일을 싫어하고 다른 일을 하고 싶다고 하는 사람을 너무나 많이 인터뷰해왔기 때문이다.

일을 잘할 수 있다는 자신감을 느끼면서 그 일로부터 도전, 자율권, 다양성을 얻을 수 있을 때 사람들은 일에 대한 열정을 키우며 즐거운 마음으로 일을 하게 될 것이다. 우리의 데이터에 따르면 "우리 회사 사람들은 즐거운 마음으로 자기 일을 한다"라는 항목에서 최고 기업은 전체 기업 기준점보다 15.8퍼센트 포인트 앞선 것으로 나타났다.

결과 4
고용 유지

회사가 탁월한 조직이 되지 못하고 직원에게 주인의식이 없어지면 최고 인재들이 가장 먼저 회사를 떠난다. 이들은 선택사항이 아주 많은 사람들이기 때문에 쉽게 떠날 수 있다. 선택의 여지만 있다면 최고 인재들과 함께 일해본 사람 역시 그들을 따라 다른 조직으로 옮길 가능성이 높다. 최고 인재를 붙잡아두는 일은 조직이 훌륭한 업무 환경을 조성하지 못했을 때 큰 문제가 된다.

그러나 더 큰 문제는 별로 필요가 없거나 일을 잘 못하는 사람만이 기꺼이 회사에 남는다는 것이다. 이들은 다른 선택의 여지가 없기 때문에 평생토록 회사에 남으려 한다. 게다가 회사를 떠나는 누구도 이런 사람을 함께 데려가려고 하지 않는다. 별로 필요가 없거나 일을 잘 못하는 직원은 행동을 변화시키거나 경쟁업체로 보내버리지 않는 한 평생토록 회사와 함께할 것이다.

우리가 지금까지 봐 왔듯 최고 기업은 조직의 높은 성과 기준을 유지하는 데 매우 뛰어나다. 별 필요가 없는 직원은 오래 버티지 못한다. 성과가 부진한 잉여 직원은 경쟁업체에서 일하는 게 최고 기업에 가장 도움이 된다.

"우리 회사는 내가 앞으로 3년 후에 원하는 업무를 해볼 기회를 주고 있다"라는 문항에 대한 최고 기업 직원의 답변은 전체 기업 기준점에 속한 직원의 답변보다 15.1퍼센트 포인트 높았다.

사람들이 자신을 소중하게 여기고 높이 평가한다고 느끼며 의미 있는 일을 할 기회가 주어졌다고 생각하는 직원들은 회사를 떠나지 않는다. 직원에게 그들의 일이 어떻게 계획, 관리, 측정되는지 말해라. 그러면 애사심과 참여의식이 강한 직원들을 계속 유지하게 될 가능성이 훨씬 커질 것이다.

자신의 가치를 제대로 평가받고 있다고 느끼는 직원

옛날 부모님 세대는 평생을 한 회사에서 일했다. 상사와 고용주에 대한 충성심이 매우 중요했기 때문이었다. 실제로 10년 동안 서너 개의 직업을 바꾸었다면 떠돌이라는 낙인이 찍혔을 것이다. 우리 부모님 세대는 자신들의 가치가 제대로 평가받고 있다고 느끼지 않았지만 그래도 직업을 바꾸는 것보다는 충성심이 중요하다고 생각했다.

오늘날 자신이 기여하는 바가 제대로 평가받고 있지 못하다고 느끼는 직원은 육체적 혹은 정신적으로 회사를 떠날 가능성이 크다.

조직의 탁월함을 창출하는 10가지 열쇠를 성공적으로 실행에 옮기는 것은 직원들이 자신의 가치를 인정받고 있다고 느끼는 환경을 조성하는 데 필수적이다. 성과와 관련한 조직의 비전과 기대를 제대로 알려주는 것도 직원의 성공을 돕는다. 교육과 성장, 학습의 기회를 제공하면서 직원에게 그들이 그만한 투자 가치가 있는 회사의 자산이라고 '직접적'으로 말해주어라. 직원이 기여하는 바를 '직접적'으로 인정하면 직원들은 회사가 자신들을 소중히 여기고 있다는 걸 알게 된다. 이런 감정을 가진 직원들은 관리자나 회사에 보다 강한 유대감 혹은 소속감을 느낀다.

개인적인 관계든, 공적인 관계든 상관없다. 상대가 자신의 가치를 인정해주고 있다는 느낌을 받을 때 사람은 상대의 성공과 만족을 위해 훨씬 더 열심히 노력하게 된다. 직원이 우선적으로 선택하는 고용주로서 참여의식이 강한 직원을 거느리는 일은 매우 훌륭한 업무 방식이다.

결과 6

탁월한 조직이라는 긍정적인 명성

세상에는 오직 두 가지 명성밖에 없다. 좋은 명성과 나쁜 명성 말이다. 조직의 성공은 직원들이 일하러 오고 싶고 고객이 거래하고 싶은 긍정적인 환경이 조성되어 있다는 명성에 달려있다. 탁월한 조직이라는 긍정적인 명성이 만들어지면 많은 사람들이 그 회사에 들어오고 싶어 할 것이고, 이에 따라 업계 최고의 인재를 끌어들이고 보유하는 것도 훨씬 쉬워질 것이다. 분기당 240시간을 일하는 비정규직에게도 복지 혜택을 제공하는 스타벅스는 직원을 소중하게 여기고 투자를 했기 때문에 긍정적인 명성을 얻을 수 있었다.

이런 값어치를 매길 수 없는 결과가 조직에 살아 숨쉬는 걸 보고 싶은가? 대부분의 관리자라면 그렇다고 답할 것이다. 훌륭한 리더는 이런 결과 없이 조직을 효율적으로 운영하기란 힘든 일이란 말도 덧붙일 것이다. 훌륭한 리더는 이런 결과가 최고의 조직이 인재 전쟁에서 승리하고 수익성이 높은 시장을 점유하는 데 사용하는 경쟁력 무기라는 걸 잘 알고 있다.

'최종 수익'에만 몰두하느라 조직의 직원 생각은 별로 하지 않는 리더도 있다. 또 '직원'만 걱정하느라 궁극적으로 회사의 성공을 해치는 옳지 못한 결정을 내리는 리더도 있다.

훌륭한 리더는 2장에서 설명한 10가지 열쇠와 더불어 6장에 나온 67가지 리더십 기술을 사용하여 직원이 일하러 오고 싶고 고객이 거래하고 싶어 하는 환경을 만든다. 우리의 직원 인식조사 데이터는 최고 조직과 전체 기업 기준점에 속한 조직 간의 가장 큰 차이를 강조한다. 다시말해 인식조사 결과는 모든 리더들에게 '수익'과 '직원' 모두에 동시에 초점을 맞추는 게 가능하다는 걸 분명하게 보여준다.

직원들의 참여를 유도하는 탁월한 조직을 만드는 일이 결코 쉽지 않다는 걸 분명히 인정한다. 하지만 좋은 소식이 있다. 최고 조직의 리더들로부터 배워서 실천하면 장기적인 성공을 이루어낼 수 있다는 것이다. 누구나 참여의식이 높은 직원과 함께 일하는 이득과 즐거움을 맛볼 수 있다. CEO나 인력개발부, 상사가 뭔가를 실행하라고 할 때까지 기다리지 마라. 아무도 대신해줄 수 없다. 참여의식이 높은 직원을 만드는 일은 나에게서부터 시작된다.

직원의 참여의식을 높이는 7가지 방법

1. 직원 인식조사에 직원을 참여시켜라

우리는 지금까지 전 세계적으로 10만 명에 가까운 직원과 관리자를 대상으로 인식조사를 실시해왔고 고객들이 쉽고 간단하게 인식조사를 실시할 수 있도록 안내할 수 있다. 그 후 부서별 맞춤식 보고서를 제공하여 고객이 조직 내에서 효율적으로 운영되는 부문과 개선이 필요한 부문에 대한 전체적인 상황을 파악할 수 있도록 한다. 직원들이 일하러 오고 싶어 하는 조직을 만드는 것이 우리의 전문분야다!

2. 다음과 같은 교육 프로그램에 직원을 참여시켜라

- 변화의 시기에서 살아남아 성공하기

- 의사소통 기술
- 프레젠테이션 기술
- 까다로운 고객 응대
- 뛰어난 고객 서비스
- 협상과 설득 교육

3. 고객 서비스/만족 인식조사에 직원을 참여시켜라

우리는 고객과 함께 인식조사를 만들고, 시행하고, 처리하여 조직의 어떤 부문이 우수하고 어떤 부문에서 개선과 조정이 필요한지 결정할 것이다. 최초 인식조사 과정이 끝난 후 우리는 우리가 보유한 전문지식을 이용해 결과를 분석하고 조직 강화에 도움이 될 구체적인 대안을 제시한다.

4. 다음과 같은 교육 프로그램에 리더를 참여시켜라

- 리더십
- 관계 전략 – 여러 다양한 유형의 사람 상대하기
- 의사소통 기술
- 성과 관리
- 성과 향상을 위해 힘든 피드백 제공하기
- 돈을 결부시키지 않고서 팀에 동기를 부여하기

- 갈등 해결
- 조직 변화 주도
- 팀 형성

5. 리더십 개발 평가(360도 평가)에 리더를 참여시켜라

우리의 리더십 개발 평가는 모든 관리자의 자의식과 자기에 대한 이해도를 높여 효율을 높이는 조직 도구다. 리더십 개발 평가는 다층적 피드백 원칙에 입각하여 다른 사람과 스스로가 보는 여러 관리자의 리더십 기술을 비교 분석한다. 이 피드백은 각 관리자의 리더십이 하는 개별 역할을 보여준다. 우리 컨설턴트는 관리자와 함께 작업하면서 이들이 자신이 원하는 리더가 될 수 있도록 맞춤식 방안과 행동계획을 제안한다.

6. 임원 코칭 프로그램에 리더를 참여시켜라

우리는 리더가 자신의 잠재력을 십분 발휘할 수 있도록 마련된 맞춤식 계획을 제공한다. 이 프로그램을 마친 리더는 자신의 목표와 열정을 발견했고, 조직 전체에서 강한 인간관계를 맺는 데 필요한 기술을 발전시킬 수 있었으며, 더불어 자신이 맡은 팀을 성공으로 이끌 자신이 생겼다고 말한다.

7. 경영진을 다음과 같은 활동에 참여시켜라

- 조직 평가
- 회의 조직
- 전략 기획
- 팀 형성

＊ 고객 서비스/만족 조사 및 직원 인식조사에 관한 자세한 정보는 www.employeeopinionsurveys.com에서 찾을 수 있습니다. 직원의 참여의식 및 프로그램 설명을 자세히 알고 싶으신 분은 www.peterstark.com에서 원하는 내용을 찾으실 수 있습니다.

참고문헌

1장

1. David Sirota, The Enthusiastic Employee: How Companies Profit by Giving Workes What They Want(Wharton School Publishing, 2005)
2. Right Management, Employee Discontent Expected to Reach Crisis Level Next Year," November 17, 2009. www.right.com
3. U.S. Bureau of Labor Statistics, "Overview of the 2008-18 Projections," Occupational Outlook Handbook, December 17, 2009. www.bls.gom/oco/oco2003.htm

1. Jim Collins, Built to Last: Successful Habits of Visionary Companies(New York: HarperBusiness Essentials, 2002)
2. Jeanette Steele, "Park and Rec Head Retires Ahead of Mayoral Restructuring: Revamp has nothing to do with it, he says," The San Diego Union- Triune, February 17, 2007.

6장

1. Abraham Harold Maslow, Motivation and Personality(New York: Harper & Row, 1970).
2. James Temple. "Wells Fargo Sees Opportunities in Economy Woes," San Francisco Chronicle, September 21, 2008.
3. Kevin Freiberg and Jackie Freiberg, Nuts! Southwest Airlines' Crazy Recipe for Business and Personal Success(New York: Broadway Books, 1998).

4. Roger Guimera, Brian Uzzi, Jarrett Spiro, and Luis A. Nunes Amaral, "Team Assembly Mechanisms Determine Collaboration Network Structure and Team performance," Science, Vol. 308, No.5722(April 29, 2005):697-702

5. David Henry, "Creativity Pays. Here's How Much," BusinessWeek, April 24, 2006.

6. Cindy Ventrice, Make Their Days! Employee Recognition That Works(San Francisco: Berret-Koehler Publishers, Inc., 2009).

7. Ericka Mellon, "Bonuses Bring Smiles, Frowns/ Checks Meant to Reward HISD's Top Educators, but Some Fear they Hurt Morale," Houston Chronicle, January 24, 2007.

8. Ibid.

9. Ibid.

10. Adrienne Carter, "Lighting a Fire Under Campbell,' BusinessWeek, December 4, 2006.

11. Jeffrey Pfeffer, "Why it Pays to Invest in Bosses Who Blame Themselves,' Business 2.0 April 5, 2006.

12. Andy Serwer, "Starbucks Fix," Fortune Magazine, January 18, 2008.

13. Joe Hughes, "Therapist at Children's Hospital Accused of Child Molestation, Porn," The San Diego Union Tribune, march 10, 2006.

14. Colin Powell, My American Journey(New York: Ballantine Books, 1996).

15. Gordon Bethune, From Worst to First: Behind the Scenes of Continental's Remarkable Comeback(New York: John Wiley, 1998).

16. Kevin Freiberg and Jackie Freiberg, Nuts! Southwest Airlines's Crazy Recipe for Business and Personal Success(New York: Broadway Books, 1998).

7장

1. Eric Krell, "Do they trust You? Employee Trust in Senior Executives has a Tremendous Impact on your Business. And HR Plays a Vital Role in Managing that Trust," HR Magazine, June 2006.

PSI컨설팅 리더십 솔루션

계층별 리더십 역할에 따른 리더십 파이프라인 별 교육과정

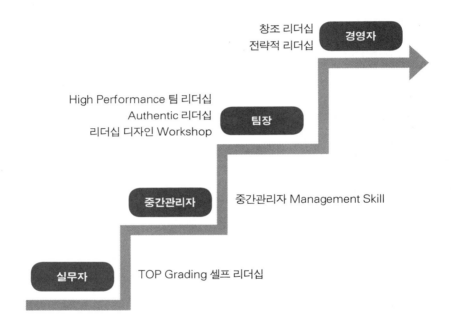

창조 리더십
전략적 리더십 경영자

High Performance 팀 리더십
Authentic 리더십 팀장
리더십 디자인 Workshop

중간관리자 중간관리자 Management Skill

실무자 TOP Grading 셀프 리더십

5대 리더십 역량 별 교육과정

Energizing
동기부여, 감성 리더십,
창조적 갈등관리

Visioning
Leading Change,
Visionary 리더십

**Focused
Leadership**

Networking
SDI 대인 리더십,
영향력 스킬업

Modeling
신뢰, 몰입의 리더십,
경력개발 Workshop

Performing
후배 코칭, 질문 코칭, 1:1 리더십 코칭,
성과관리와 평가스킬, 프로젝트 리더십